# 司徒衛的人格與文風

李瑞騰　歐宗智　主編

# 編序

李瑞騰

一九七二年秋天，我來到陽明山華岡的中國文化學院，就讀中文系文學組。我原來的文學想像，除了浩瀚的古代文史典籍，還有現代詩文創作，但文學組完全不提供新的東西，因此，我在大學四年有關現代新文學的學習，基本上是自學，到圖書館閱讀書報，胡亂摸索創作，結交一些對寫作有興趣的朋友，但更重要的是，大一教書法的史紫忱老師，像傳統的師父帶徒弟一樣，領我進入一個有情有義的文藝江湖。

我就在史府認識在中文系文藝創作組任教的祝豐老師。我大一學習寫鄭板橋的字，一邊臨帖，一邊讀鄭板橋詩文字畫，有點體會，試寫了一篇小論文，當作學期報告，史老師建議我改寫成〈鄭板橋的文藝觀〉，也幫我擬了一個題綱，我大感興趣，努力寫完後呈閱，沒多久，它竟然在《自立晚報・副刊》的「星期文藝」幾乎整版刊出，史老師說他把我的文章拿給祝老師看，祝老師時亦兼《自立晚報》副刊主編，他覺得很好，就發了。這對我來說非常重要，開啟我往後漫長歲月以評論為主的寫作生涯。史老師於我恩同再造，祝老師則引我上了文壇，在他耕耘的文藝園圃，我開始大量發表作品，甚至包含小說，在我那段三餐不繼、困知勉行的日子，《自立晚報》的稿費真是天降之甘霖啊！

史老師不良於行，我從大三開始陪他去學校上課，從住所到學校很近，但必須搭計程車，然後讓他扶肩上樓，一直到我讀完碩士班。我因此在史府的時間很多，彷彿那便是自己的家。祝老師有時會來，我和他談話不多，簡單的交談主要和寫作有關，有一回他說副刊改版，要我多寫一些稿子給他，那一段時間，我用了許多筆名；另有一次的記憶非常深刻，那是《聯合報》

剛辦文學獎的時候，他可能看到了什麼，要我多關注，可以寫點觀感，我那時還不是很了解複雜的文學社會，沒什麼特別的想法，但從那時起，我真的一直關注文學獎，且認為那是文學發展的指標之一。

我沒上過祝老師的課，但文藝組的朋友對他評價很高，特別是對古今詩歌的解讀。華岡有一個文壇，有教授、畢業校友、在學學生，都亮眼；校園詩社、書評社的活動頻繁，執事的同學常獲得祝老師的協助，看樣子，書評社的成立很可能和他有關（祝老師以筆名司徒衛寫書評，在一九五四年出版《書評集》、一九六〇年出版《書評續集》）。一九八〇年代之初，相應於由學院改制為大學，華岡曾有過一陣文學榮景，出版部辦了一本《文學時代》（雙月刊，一九八〇至一九八三，共出十六期），由魏偉琦、李昂前後主編，華岡出版部更企劃出版「華岡文叢」，第一輯有田原《青色年代》、吳東權《離巢燕》、朱西甯《海燕》等人作品集，祝老師的《奔雲集》也在其中。第二輯是「七十年代作家創作選」，有詩、散文、小說、報導文學等各類作品精選集，分別由向陽、趙衛民、歐宗智、李昂編選。其背後的支撐力量來自祝老師。

祝老師的住家在臺北市濟南路自立晚報社的對面巷內，成功中學教職員宿舍（詩人紀弦也住那裡，他們是成功中學同事）。學生時代我住華岡，有時下山到自立晚報社代史老師、胡（品清）老師領稿費，曾到祝老師府上拜訪，多年以後，因為齊東詩舍，我在已消逝的自立晚報社周邊多次踏查，曾進到猶存在的成功中學宿舍區，望著祝老師的舊居，佇立良久，時祝老師已病逝美國紐約十年矣。

祝老師一九四八年來臺以後，一方面教書，先在成功中學教國文，後來到文化學院文藝組，其間也曾兼課於育達商職、省立臺北師專等校；一方面從事編輯工作，刊物有《幼獅月刊》、《文藝論壇》、《自立晚報・副刊》等，也曾為驚聲文物供應公司主編「驚聲文藝叢書」，為天視出版公司策劃編印《當代中國新文學大系》，參與文化學院《文學時代》之創辦等；寫作方面，重要的當是一九五〇年代的書評寫作，以及一九八〇年代中期以降在《聯合報》和《中華日報》副刊持續八年的專欄寫作。

二〇二三年是祝老師辭世二十週年，我聯繫曾受教受惠於祝老師的歐宗智校長，商量為祝老師編印一本紀念文集。歐校長曾為祝老師寫過多篇評介文章，也收集不少相關資料，我們一起研擬邀稿名單，獲得朋友們的響應，編成此集。大體來說，本書所收篇章觸及祝老師一生的教學、編輯和寫作，作為一位教師，他讓學生懷念；而為文壇做過的事、出版過的書，文藝界不應把他忘記。

本書得以問世，特別要感謝秀威資訊科技宋政坤總經理，當我向他提及，我想為祝老師編紀念文集時，他馬上答應出版，說他大一在文藝組上過祝老師的課，印象深刻。我們都念舊惜情，人間因緣總也千迴百轉，緣深緣淺而已，在相遇的那一刻，我們誠心掌握當下。

二〇二三年十二月二十三日

# 編輯說明

一、《司徒衛的人格與文風》（以下稱「本書」）之編印，旨在紀念書評家、編輯家、專欄作家司徒衛先生（祝豐教授，一九二一－二〇〇三）。

二、本書前有編者李瑞騰的〈編序〉，及另一編者歐宗智長期收集保存的圖片。本文略分三輯：輯一為司徒衛的基本資料，由歐宗智整理撰稿；輯二皆為舊文新刊，有訪談及評論；輯三作者皆為門生，為紀念祝豐老師辭世二十週年而作。最後附錄二篇司徒衛之自述。

三、本書由秀威資訊科技出版，責任編輯邱意珺，中央大學人文藝術中心行政專員鄧曉婷協助編務。

# 目次

## 輯三　他依然閃著光

附錄

# 照片輯

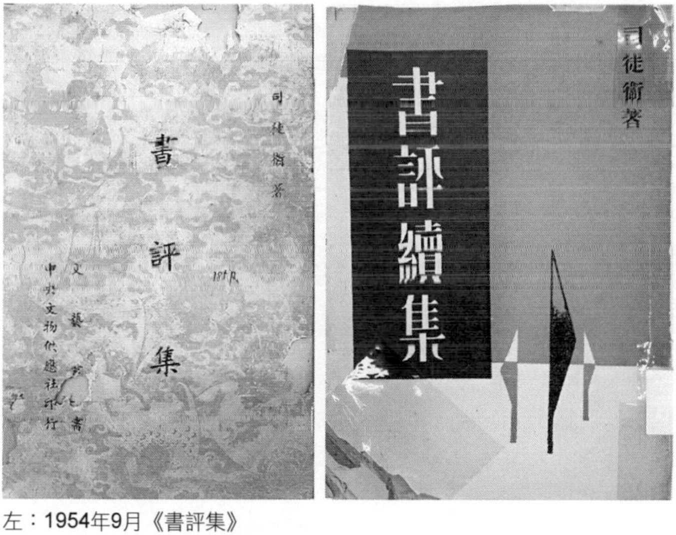


左：1954年9月《書評集》
右：1960年6月《書評續集》

左：《靜觀散記》及其他
右：1979年7月《五十年代文學論評》
下：司徒衛曾參與創辦中國文化大學《文學時代》雙月叢刊，精裝本由國家圖書館提供。

上：1974年司徒衛（前坐左三）與中國文化學院中文系文藝組應屆畢業生合影。

下：1974年5月司徒衛與學生合照於省立臺北師專舊大禮堂前。（馮玉伶提供）

上：1975年司徒衛（前坐左三）與中國文化學院中文系文藝組應屆畢業生合影。

下：1976年司徒衛（前坐右三）與中國文化學院中文系文藝組應屆畢業生合影。

上：1977年司徒衛與學生攝於華岡（前排左三蕭國和、後排左一張效鷗、後排右一陳再興）。
中：1977年7月司徒衛參加省立臺北師專同學會，身旁是單繼芳、林麗華同學。
下：1979年3月司徒衛（前坐右二）與中國文化學院中文系文藝組應屆畢業生合影。

# 走不盡的文學路

## 「當代中國新文學大系」——訪司徒衛兼談

王寬之

司徒衛，本名祝豐，字茂如，江蘇如皋人，現任中國文化學院中文系文藝組教授。

一個曾在文壇響亮多年，之後沈寂了二十載之久的名字——司徒衛，最近又出現於報端雜誌。

為了主持一項重要而有意義的工作——「當代中國新文學大系」的編輯，司徒衛終於從文壇的幕後走向臺前。

於是，我尋到了他的蹤跡，訪問了這位素稱嚴厲的書評家。

——(一)

——說往事如煙，或猶憶似夢，雖然是繽紛而文辭明的比擬。其實，往事未必是如此虛無縹渺。往事常活在你的眼前，圍繞在你的身邊。在斜陽衰草中有往事，在小樓夜雨的淅瀝中有往事，在笑語喧騰、衣香鬢影中有往事，在春江花月夜中有往事，而「西風殘照，漢家陵闕」的情景中，更孕涵著說不盡的，歷史上興亡盛衰的往事……（往事）

在憶往事中，司徒衛道出了他的寫作及文教生涯。

學經濟，卻走上文學的道路，是他所沒有料到的事。

文學是他的興趣。念中學時開始投稿，寫的大

上：1979年2月司徒衛接受《出版與研究》半月刊雜誌專訪。文中照片為司徒衛於外雙溪故宮博物院留影。

下：由司徒衛擔任總召集人的《當代中國新文學大系》（臺北：天視，1980年4月），邀集王夢鷗、何欣、魏子雲、鍾肇政、尉天驄、王文漪、齊益壽、瘂弦（王慶麟）、鄧綏寧、劉心皇等學者、作家，分別編選文學論評、文學論爭、小說、散文、詩、戲劇、史料與索引等十大冊，深具歷史價值。

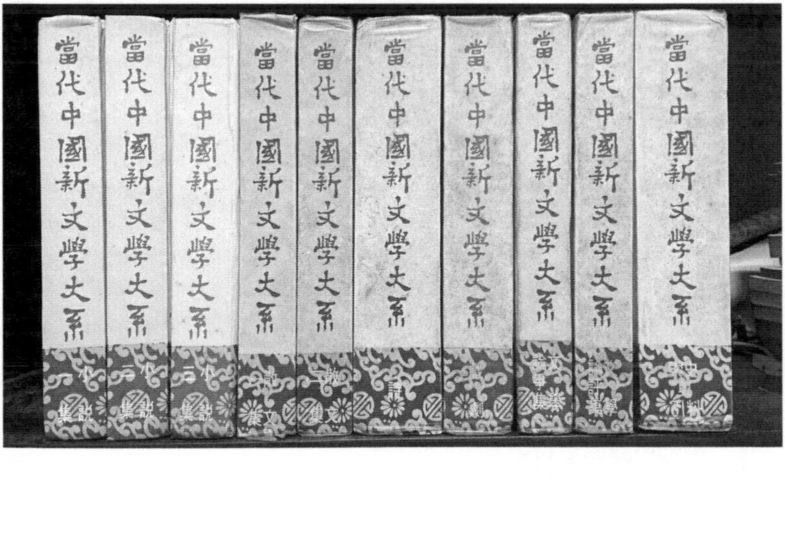

上：1980年代，司徒衛與學生暢談。（傅正耀提供）
下：中國文化學院中文系文藝組史紫忱教授（前坐左二）過生日，在史家，除二老（史媽媽陳秀英女士在史老師身後），出席者有司徒衛（前坐右二）、胡品清（前坐左一）、張開乾（前坐右一）、譚光豫伉儷（後排右一右二）、康淑惠（史老乾女兒，後排左二）和李瑞騰（後排左一）。時間是1982或1983年間。（林世榮提供）

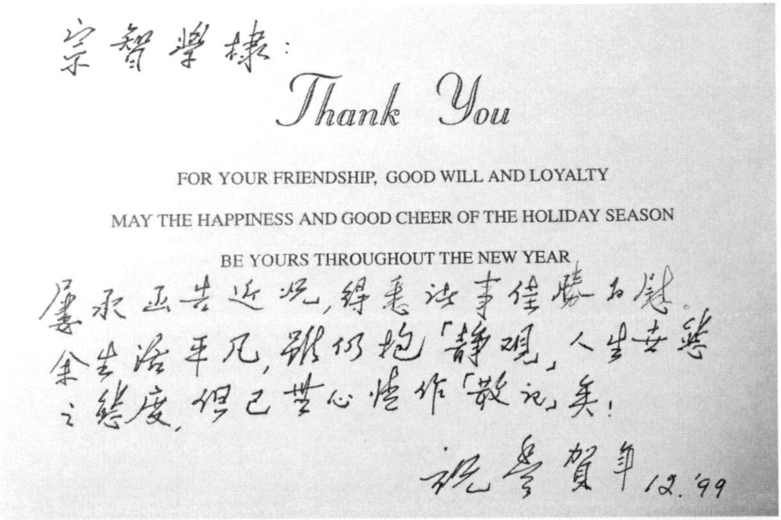
宗智學棣：

Thank You

FOR YOUR FRIENDSHIP, GOOD WILL AND LOYALTY

MAY THE HAPPINESS AND GOOD CHEER OF THE HOLIDAY SEASON

BE YOURS THROUGHOUT THE NEW YEAR

屢承函告近況，得悉諸事佳勝為慰。余生活平凡，雖仍抱「靜觀」人生安態之態度，但已無心情作「散記」矣！

賀年 12.'99

上：1999年，司徒衛從紐約致歐宗智卡片，流露晚年心境。

下：司徒衛策劃的華岡文叢第二輯《七十年代作家創作選》，有詩、散文、小說、報導文學四卷，分別由向陽、趙衛民、歐宗智、李昂編選。時為1983年。

# 輯一

## 司徒衛基本資料

歐宗智整理編纂

# 司徒衛小傳

司徒衛（一九二一—二〇〇三），本名祝豐，字茂如，一九二一年生，江蘇省如皋縣人，暨南大學畢業。一九四七年來臺，長期從事教育和編輯工作，先後任教於成功中學、育達商職、省立臺北師專、中國文化大學中文系文藝組等；亦曾擔任浙江《大同日報》總編輯、《幼獅月刊》主編、《文藝論壇》總編輯、《自立晚報》副刊主編（一九六八—一九八一），策劃出版《當代中國新文學大系》十冊（臺北：天視，一九七九年）。兼有作家、書評家、編輯家、教育家等身分。

文學創作以評論及散文為主。五〇年代即發表許多溫厚中肯的書評，以散文小品的筆調評論作品，依照寫實主義的觀點，著重作品內容的分析，並認為「解釋」與「判斷」使人對作品有更深的理解，顯現早期在文學批評上的學養、識見與品味。以《書評集》和《書評續集》享譽文壇，是臺灣最早的書評集。復於一九八〇年代起在《聯合報》、《中華日報》副刊撰寫專欄，文章言之有物，主題往往關涉社會現象，見證社會變遷，且觀察入微，刻劃人生世相，運用高度文學技巧，每以感性語言撥動讀者心弦，提升方塊文章的藝術境界，成為專欄文章的奇花異卉，展現秀雅妙美的風貌，深具「近思而遠颺，靜觀而熱心」的風格，在在證明專欄文章足以成為傳世的文學作品。

退休後旅居美國紐約，執筆不輟，專欄文章陸續結集出版《靜觀散記》、《鬱金香的激情》、《雕像》、《地下火》、《笛音壺》、《缺陷中的圓滿》等。於二〇〇三年十月二十七日辭世，享壽八十二歲。

# 司徒衛年表

| | |
|---|---|
| 一九二一年（01歲） | 十一月二十日生於江蘇省如皋縣。 |
| 一九二七年（06歲） | 啟蒙，讀四書及經書。 |
| 一九二九年（08歲） | 開始接受新式教育。 |
| 一九三一年（10歲） | 初學英文。受五四運動以後新的教育思潮影響，讀夏丏尊所譯《愛的教育》，在心中埋下從事教育工作的種子。 |
| 一九三三年（12歲） | 接觸冰心等新文藝作家作品。 |
| 一九三七年（16歲） | 中學時期開始對外投稿，寫的大部分是散文及小說。 |
| 一九四一年（20歲） | 就讀上海暨南大學工商管理系，與作家楊子（楊選堂）同窗，因中日戰爭，舉校遷福建建陽。後轉唸東南聯大經濟系。以新詩聞名，尤其擅長寫數百行的長詩。 |

| | |
|---|---|
| 一九四六年（25歲） | 擔任浙江杭州《大同日報》總編輯。 |
| 一九四七年（26歲） | 年初返鄉小住一個月後，渡海來臺。於臺北成功中學任教，與詩人紀弦往來密切。 |
| 一九五〇年（29歲） | 一面教書，一面寫作。對寫書評發生興趣。應邀於《新生副刊》（鳳兮主編）撰寫「星期書評」專欄。 |
| 一九五三年（32歲） | 參與成立中國青年寫作協會。與作家何欣時有往來。 |
| 一九五四年（33歲） | 與夏菁、鄧禹平、覃子豪、鍾鼎文等人發起成立藍星詩社，後亦參與中國新詩學會之成立。<br>九月，出版《書評集》（臺北：中央文物供應社），包括虞君質《天才與人力》、徐鍾佩《我在臺北》、王文漪《愛與船》、彭歌《殘缺的愛》、方思《時間》等二十四篇書評。 |

一九五五年（34歲）

五月，當時唯一報紙型文藝論評週報《文藝論壇》創刊，擔任總編輯，編輯委員有：王平陵、高明、史紫忱、葛賢寧、鳳兮、司徒衛、郭衣洞、劉心皇、王臨泰、彭歌、王宇清、冷楓、姚夢谷等人，史紫忱任社長。

一九五六年（35歲）

以筆名歐陽筠發表短文，嘗試運用寫散文的新技巧，創造散文新風格，作品先後刊載於《中國一周》、《中華畫報》、《復興文藝》。

一九五八年（37歲）

接編《幼獅月刊》，計兩年。

在很多學校兼課，最多同時於育達商職等五所學校任教。

一九六〇年（39歲）

六月，出版《書評續集》（臺北：幼獅文化），包括王集叢《中國文藝問題》、葛賢寧《論戰鬥文學》、楊喚《風景》、張愛玲《秧歌》、林海音《冬青樹》等二十七篇書評，以及〈泛論自由中國的小說〉、〈現階段的文藝批評〉、〈論文藝批評的態度〉等論文。

一九六八年（47歲）

主編《自立晚報》副刊，共十三年；亦擔任《民族晚報》主筆，使用韋偉、高朗、林芝等筆名寫稿。

**一九七一年（50歲）**

主編《驚聲文藝叢書》（驚聲文物供應公司），包括趙滋蕃《海笑》、鳳兮《第一等人》、琦君《七月的哀傷》、何欣《未實現的諾言》等將近二十本。

**一九七三年（52歲）**

受聘為中國文化學院中國文學系文藝創作組專任教授，開設詩選、文學批評等課程，與金榮華主任、史紫忱、趙滋蕃、鄧綏寧等諸位教授共事。迨一九八七年自文化大學退休，其間亦於省立臺北師專等校兼課。

文藝組門生包括黃勁連、黃章明、林文欽、魏偉琦、張效鷗、蕭國和、林建助、趙衛民、呂俊德（呂則之）、毛瓊英、歐宗智、黃寶蓮、李宗慈、蕭蔓、劉全艷、陳宜芬、陳玲珍、陳瑩珍、馬溫妮、范銘如、周昭翡等。

任教文藝組期間，中文系文學組李瑞騰、陳啟佑（渡也）時常請益，日文系林淇瀁（向陽）、英文系陳瑞山等前來旁聽。

**一九七九年（58歲）**

二月，召集出版《當代中國新文學大系》（臺北：天視），迄一九八一年八月共出齊十鉅冊，撰總序。編選人包括：文學論評集（王夢鷗）、文學論爭集（何欣）、小說一集（魏子雲）、小說二集（鍾肇政）、小說三集（尉天驄）、散文一集（王文漪）、散文二集（齊益壽）、詩（瘂弦）、戲劇（鄧綏寧）、史料與索引（劉心皇）。

七月，出版《五十年代文學論評》（臺北：成文），為《書評集》（一九五四）與《書評續集》（一九六〇）之合集，包括理論三篇、詩五篇、散文十篇、小說二十六篇、戲劇一篇，共計四十五篇書評，附錄〈論書評〉、〈泛論五十年代的小說〉。

**一九八〇年（59歲）**

十一月，參與創辦文化大學《文學時代》雙月叢刊，寫〈書〉、〈霧〉、〈照相〉等三篇，冠以「靜觀散篇」。

《文學時代》雙月叢刊共發行十六期，創刊號至第十二期，魏偉琦主編。自十三期至十六期，李昂主編。於一九八三年十一月停刊。

| | |
|---|---|
| 一九八一年（60歲） | 卸下《自立晚報》副刊主編職務，交棒給昔日成功中學門生作家杜文靖。 |
| 一九八二年（61歲） | 九月，出版《奔雲集》（臺北：文化大學，華岡文叢第一輯），共三輯，一一〇篇，收錄王寬之〈走不盡的文學路——司徒衛訪問記〉（原題：〈走不盡的文學路——訪司徒衛兼談《當代中國新文學大系》〉）。 |
| 一九八六年（65歲） | 九月，摯友楊子推薦於《聯合副刊》（瘂弦主編）闢「靜觀散記」，重啟專欄寫作。兼任聯合報系《中國論壇》月刊總編輯。 |
| 一九八七年（66歲） | 六月，自文化大學退休，旅居美國紐約。<br>十月，出版聯副專欄第一冊結集《靜觀散記》（臺北：李白），共五十九篇。 |
| 一九八八年（67歲） | 二月，應蔡文甫之邀，以筆名「茂如」於《中華副刊》撰寫「近思錄」專欄。 |

| | |
|---|---|
| 一九八九年（68歲） | 五月，出版雜文集《鬱金香的激情》（臺北：合森文化），絕大多數作品選自《中華副刊》「近思錄」專欄，共三輯，四十六篇。 |
| 一九九〇年（69歲） | 六月，出版聯副專欄第二冊結集《雕像》（臺北：聯經），共五十四篇。<br>十月，出版聯副專欄第三冊結集《地下火》（臺北：業強），共四輯，六十篇。 |
| 一九九二年（71歲） | 元月，出版聯副專欄第四冊結集《笛音壺》（臺北：業強），共六輯，六十篇。 |
| 一九九四年（73歲） | 八月，出版聯副專欄第五冊結集《缺陷中的圓滿》（臺北：幼獅文化），共五輯，六十篇。<br>《聯合副刊》「靜觀散記」停筆。 |
| 一九九九年（78歲） | 謂：「余生活平凡，雖仍抱『靜觀』人生世態之態度，但已無心情作『散記』矣！」。 |

| | |
|---|---|
| 二〇〇三年（82歲） | 十月二十七日，於紐約病故。<br>《2003臺灣文學年鑑》刊載懷念作家、文藝播種者暨書評家、文學編輯家司徒衛的文章。（李宗慈執筆） |
| 二〇二三年（102歲） | 逝世二十週年。 |

# 司徒衛著作書目及提要

◆《書評集》，臺北：中央文物供應社，一九五四年九月初版，32開，九十頁，有〈代序：文藝理論與批評的建立問題〉、〈後記〉。

是臺灣最早的書評集，共二十四篇書評，不分輯，前一部分文章較長的文藝理論相關論文，多發表在雜誌上；後一部分較短的，大多是《新生副刊》「星期書評」專欄結集。尹雪曼總編纂《中華民國文藝史》譽為「全能的文藝批評集子」。

本書強調時代與生活是文學生命的基本源泉，指出作家不一定能發揮理論或擅長批評，可是，創作的甘苦與心得，卻正是建立理論與批評的最寶貴的資料和養分。理論家、批評家不一定能創作，設若他能充分認識作家的創作經驗、感想或心得，那末，立論、解釋或判斷的標準與根據，才可能不是觀念的搬弄，教條的堆積，以及成見的作祟。

**◆《書評續集》，臺北：幼獅文化，一九六〇年六月初版，32開，一五二頁，有〈代序：論書評〉、〈後記〉。**

為一九五四年《書評集》印行後到一九五七年底這一段時期的作品，分別發表於《幼獅月刊》、《反攻半月刊》、《婦友月刊》、《中國一周》、《學術季刊》、《文藝月報》、《文藝創作》、《幼獅文藝》、《中國文藝》及《文藝論壇》週報等刊物。

分成兩輯，第一輯包括文藝評論、詩、散文、小說等二十七篇書評，第二輯包括文藝批評等共五篇，有〈泛論自由中國的小說〉、〈現階段的文藝批評〉、〈論文藝批評的態度〉等論文。

此書係自費出版，作者謂任何作品無法不接受時間的考驗，本書二輯，自喻為「雙桅船」，去航時光的大海。

◆《五十年代文學論評》，臺北：成文，一九七九年七月初版，32開，二四一頁，有〈序〉。

係《書評集》與《書評續集》合編而成，唯前者有兩篇、後者有八篇並未收入本書。

全書分理論、詩、散文、小說、戲劇等五輯，共計書評四十五篇，附錄〈論書評〉、〈泛論五十年代的小說〉。作者指出，五〇年代自由中國新文學運動正處於發軔階段，也有其繼往開來的歷史地位。本書就五〇年代具代表性的文學作品，分類加以論評。旨在向關注及研究自由中國新文學的人士，提供參考，兼有溫故知新的用意。作者認為，這些具開拓精神的早期作家的作品，仍然使我們感受到濃厚的時代氣息，與文人報國的壯烈情懷。

**◆《奔雲集》，臺北：文化大學，一九八二年九月初版，32開，二〇六頁，有〈序〉。**

共三輯，第一輯為司徒衛編副刊，有時為了替別人墊稿，以不同筆名所寫的千字左右的「方塊」文章，見解獨到，文字有著濃厚的文人氣息，行文間流露幽默趣味，諷刺點到為止，不流於一般雜文之尖酸刻薄；第二輯四篇，是一九五五、一九五六年間的作品，嘗試運用一些寫散文的新技巧，宛如小說，堪稱散文新風格的創造；第三輯六篇，為「靜觀散篇」，其文學筆法開啟日後「靜觀散記」寫作的先聲。

全書共一一〇篇，另收錄王寬之〈走不盡的文學路——司徒衛訪問記〉，兼談其所召集出版之《當代中國新文學大系》。

◆《靜觀散記》，臺北：李白，一九八七年十月初版，32開，二二八頁，有〈序〉。

聯副「靜觀散記」專欄文章第一冊結集，未分輯，共五十九篇。前四篇曾在《文學時代雙月刊》刊載過，題為「靜觀散篇」，性質相同，一併收入。

作者認為，因須受交稿時間及字數的限制，造成寫作上一種無法減免的壓力，是以專欄文章並不好寫，甚至不易寫得好。專欄文章雖多關涉時事，但並沒有固定的寫法，亦可對讀者提供「知」與「惑」，帶來暗示或啟示，讓人思索與回味。本書作者觀察入微，運用高度的文學技巧來經營專欄，每每以感性的語言撥動讀者的心弦，提升了方塊文章的藝術境界，使得《靜觀散記》成為專欄文章的奇花異卉，展現秀雅妙美的風貌。

◆《鬱金香的激情》，臺北：合森文化，一九八九年五月初版，大32開，一四六頁，有〈序〉。

這是一本雜文集，絕大多數作品選自《中華副刊》「近思錄」專欄，共分鬱金香的激情、傻瓜精神、書生之見等三輯，計四十六篇。

作者謂，由於雜文深刻地反映與批評人生社會，並且體現著強烈的愛憎，犀利、多刺如匕首、薔薇，向來被視為尖銳的作品，在根植於現實生活的文學之樹上，雜文是顆奇異的果實。此書免不了雜文的一些特色，然在觀察和議論方面，本諸藝術良心及現代人的良知，除了針砭還心存相當的寬容和期許，猶顯得溫和及溫情，尖銳而不尖銳，強烈而不猛烈，形成了雜文的一種變調。

◆《雕像》，臺北：聯經，一九九〇年六月初版，大32開，一九一頁，有〈序〉。

聯副「靜觀散記」專欄文章第二冊結集，不分輯，共五十四篇。

作者說，為《聯合副刊》寫「靜觀散記」專欄，有一種企圖和嘗試；即是以文學的筆觸，來刻畫人生世相，表現時代社會。而且儘量以冷靜客觀的態度，進行觀察，試作剖析。往往提出問題，指出癥結，而不強作解人；因為提供思索似乎比供給結論更為重要。且這一專欄常獲讀者的迴響，並有一些刊物加以選載，相當增加了這樣寫法的信心和勇氣。又謂，創作也可說以語言文字來從事一種雕塑，一個在大千世界和十丈紅塵中作這種雕塑的人，須孜孜矻矻地窮畢生之力以赴。作者無疑有意讓這些嘗試的成果，接受時間的考驗。

◆《地下火》，臺北：業強，一九九〇年十月初版，25開，二一三頁，有〈序〉。

聯副「靜觀散記」專欄文章第三冊結集，共分自由的烈焰、靜觀散記、季節的投影、思與感等四輯，計六十篇。

從一九八九年夏季開始的這一年，爭自由民主的浪潮澎湃，震撼了全世界。最先爆發的是天安門事件，接著是東歐國家撕毀鐵幕，柏林圍牆崩潰，東西德統一，連蘇聯也進行政治改革。而在國內急遽要求民主改革的呼聲中，出現了前所未有的學生運動，風起雲湧，人類的歷史正展開新頁。這本書裡的作品，即是在這樣的時代社會背景所產生。尤其第一輯關於天安門事件的系列篇章，跟時代與歷史的脈動一起跳躍，留下了珍貴的史料與社會記錄，深具價值。

◆《笛音壺》，臺北：業強，一九九二年元月初版，25開，一九七頁，有〈序〉。

聯副「靜觀散記」專欄文章第四冊結集，共分祝福、星光燦爛、拼圖、壁畫、新一代、花卉等六輯，計六十篇。

作者說，報紙副刊的專欄文章，不拘一格，應可寫成文學作品。如果認為文學的功能是：反映時代社會，刻畫人生世相，並加以批評，則專欄文章正適合把握與發揮這種功能，而作者不妨努力嘗試。同時，字數的限制及交稿的急迫，也使得這樣的寫作，不免難上加難。雖然如此，作者仍勉力以赴。在執筆之際，除了儘量求其客觀冷靜、心平氣和外，還保持著一顆愛心、幾許溫情和多少善意，可算是「笛音壺」的基本音調。

◆《缺陷中的圓滿》，臺北：幼獅文化，一九九四年八月初版，25開，二〇四頁，有〈自序〉。

聯副「靜觀散記」專欄文章第五冊結集，共分淚與笑、背影、走索、雅集、老歌等五輯，計六十篇。

作者自言，報刊專欄的篇名，其實是人生現實所擬定的；它們提供素材與靈感，出題目給作者作文章。由於人生萬象、世事擾攘，因而專欄文字的內容難免繽紛而繁富。又，在專欄文字中常見到人世的諸多缺憾，而難得見到出現圓滿；但沒有無可彌補的缺憾，也不會有絕對的圓滿；是以雖有缺憾而可獲致相當的圓滿，就會給人生莫大的鼓舞了。書名「缺陷中的圓滿」，表示對生活在這多苦多難世界的人群，寄以希望與溫情。

## 著作未收錄篇目

祝茂如〈臺灣生產建設近貌〉，《中國一周》第二七六期，一九五五年八月，頁八—九。

司徒衛〈詩的菓盤〉，創世紀詩刊編委會《中國新詩選輯》，創世紀詩叢之一，臺北：創世紀，一九五六年一月初版，頁二十—二十一。詩四首組成。

司徒衛〈山景外一章〉，《幼獅文藝》第四卷第三期，一九五六年四月，頁二十二。短詩輯，共五首。

司徒衛〈三十年來自由中國的新文學〉，《幼獅文藝》第五十一卷第六期，一九八〇年六月，頁四—二十四。

司徒衛〈思想、論評、創作〉，《文學時代》雙月叢刊第一期「文學與時代」，一九八〇年十一月，頁十二—十三。為該期「文學與時代」專題文章。

司徒衛、何欣、寒爵〈何欣這個人〉，《文學時代》雙月叢刊第八期「書香」，一九八二年七月，頁一三〇—一三九。為該期作家介紹專輯，談何欣近況及其作品。

祝茂如〈時間握在我手裡——恭賀史紫忱先生七十大壽〉，《文學時代》雙月叢刊第十二期「驚蟄」，一九八三年三月，頁四十一—四十五。

司徒衛、瘂弦、蔣勳、李昂〈華岡文學獎綜合評審意見〉，《文學時代》雙月叢刊第十四期「收穫」，一九八三年七月，頁一五〇—一六二。

司徒衛〈五十年代自由中國的新文學〉，《文訊》第九期，一九八四年三月，頁十三—二十四。依〈三十年來自由中國的新文學〉增添而成，節錄做為天視版《當代中國新文學大系》總序。

司徒衛〈創作是永不止息——序小說集「去吧！我的愛」〉，歐宗智《去吧！我的愛》，臺北：皇冠，一九八七年二月，頁五—七。

司徒衛〈建立文學批評是一個老問題〉，《文訊》第三十三期，一九八七年十二月，頁三十六—三十七。為該期「文學批評六家談」之一。

# 報導及評論司徒衛篇目

王寬之〈走不盡的文學路——訪司徒衛兼談《當代中國新文學大系》〉，《出版與研究》半月刊第四十期，一九七九年二月，頁二十一—二十四。收錄於《奔雲集》（一九八二）時改題為〈走不盡的文學路——司徒衛訪問記〉。

歐宗智〈我看《五十年代文學論評》〉，《自立晚報》文化界週刊，一九八二年一月三日。

歐宗智〈二位文藝恩師〉，《現代青年》第十二、十三合期，一九八二年六月，頁九十六—九十八。

歐宗智〈專欄文章的新境——談司徒衛《靜觀散記》〉，《文訊》第三十三期，一九八七年十二月，頁二一三—二一五。

歐宗智〈文藝播種者〉，《文訊》第三十八期，一九八八年十月，頁二八七—二八八。
歐宗智〈司徒衛的散文〉，《青年日報》副刊，一九九一年四月十日。
周昭翡〈盡一個大我的責任——祝豐的求學與創作〉，《開拓人文視野》，臺北：業強，一九九一年十月初版，頁五十—五十九。
劉叔慧〈望之儼然，即之也溫——訪司徒衛〉，《文訊》第九十七期，一九九三年十一月，頁一〇九—一一二。
歐宗智〈提燈者——司徒衛老師與我〉，《中央副刊》，二〇〇二年二月十一日。
歐宗智〈靜觀人生的智者——懷念司徒衛老師〉，《文訊》第二一八期，二〇〇三年十二月，頁一〇五—一〇六。
李宗慈〈司徒衛〉，《2003臺灣文學年鑑》，臺南：國立臺灣文學館，二〇〇四年八月，頁一五五。

歐宗智〈文學與人生——記司徒衛老師〉，《更生副刊》，二〇〇四年十二月十七日。

編輯小組〈司徒衛〉，《2007年臺灣作家作品目錄》（封德屏主編），臺南：國立臺灣文學館，二〇〇八年七月，頁一二八—一二九。

謝瓊玉〈我的師專生活之四：祝豐老師〉，凹腰ㄟ柑仔店，二〇一〇年九月二日。http://wwy44.blogspot.com/2010/09/blog-post.html。

歐宗智〈寫作的安慰——我的大學生活之二〉，網路城邦udn「春衫猶濕」，二〇一一年十一月二十四日。https://blog.udn.com/ccpou/5863937。

歐宗智〈文藝青年神聖的殿堂——談「文藝創作組」〉，網路城邦udn「春衫猶濕」，二〇一二年三月三十一日。https://blog.udn.com/ccpou/6271016。

歐宗智〈珍貴的文學史料與文學批評的典範——我看《五十年代文學論評》〉，網路城邦udn「春衫猶濕」，二〇一三年九月二十二日。https://blog.udn.com/ccpou/8138576。

歐宗智〈文藝創作組的美好時光——兼憶司徒衛老師〉，《文訊》第三八八期，二〇一八年二月，頁六十八—七十。

# 司徒衛關於文藝書評之理念（摘要）

・書評應該是屬於文學批評的領域的；優良的書評底本身即是文學批評重要的部分。

・文學批評的終極目的，可概括為「解釋」和判斷。

・文學批評家們必須將他的知識、卓見、品德等等，用於對作品作深刻而細微地品味或鑒賞；這是文學批評的一項重要的實踐，正是和書評的工作相當的。

・書評家的責任，就是解說或闡發作者在書裡蘊藏或顯露著的思想、情感、人格等等，即是它的特殊的質地。然後，再衡量作家所表現的技巧與表達的程度。最終是給予全書以價值判斷。

・書評和文學批評兩者基本的區別，可說書評僅是文學批評底原理、原則的具體應用，用以對一切文學作品作適當的解釋和判斷。在此一意義上，書評的寫作不僅須有才識，而且須有創作的技術與熱誠，是更富有藝術意味的。在另一方面看，書評不但是應用，同時也印證了文學批評的原理、原則。書評家並可以對批評原則的蒐集與構成，有新的貢獻，而豐富了文學批評科學的一面的內容。

- 書評是一種文學批評的藝術。
- 「理解」在批評中是重要的；批評的「解釋」與「判斷」的意義，在於使我們對於作品等的價值，具有深澈的理解和清明的感覺。因此，批評家首先必須對批評的對象，具有精細深刻的「理解」。然後，才能完成使命。而「理解」的首要途徑，是如實地去考察當前的對象，去發現其中的真實的東西。
- 一個書評作者的觀察力、分析力、判斷力及對於書本中一切善良的幽微深祕的精神底親和力，全賴他才智、學識、修養等的鍛鍊與孕育。而在這探索與思考的階段，他的工作又全需要在高度的忍耐和純潔的熱誠中進行的。這裡還須要強調兩種美德：一種是持平的精神；既不容許個人的好惡、偏見作祟，也不應允學理上的成見先入為主，或是武斷地搬弄教條。一種是謙虛的態度；因為謙虛才能容納真理，也才能使工作的成果堅實而碩大。

- 畸形的書評：將文藝批評看成經濟的實用的藝術，視文藝批評為攻擊人身的利器，藉文藝批評作自我炫耀的工具。
- 現代的作家論、作品研究等等，也可說是以書評為基礎的較專門的批評。可是這樣工作的普遍性、機動性，是無法與書評相比較的。

*司徒衛〈論書評〉摘要，《五十年代文學論評》附錄，頁二二五—二三二。

# 輯二

## 訪談與評論

# 走不盡的文學路
## ——訪司徒衛兼談《當代中國新文學大系》

王寬之

——說往事如煙，或前塵似夢，雖然是醒豁而又鮮明的比擬，其實，往事未必是如此虛無縹渺。往事常活在你的眼前，圍繞在你的身邊。在斜陽衰草中有往事，在小樓夜雨的淅瀝中有往事，在笑語中喧騰、衣香鬢影中有往事，在春江花月夜中有往事，而「西風殘照，漢家陵闕」的情景中，更蘊涵著說不盡的，歷史上興亡盛衰的往事……

——司徒衛〈往事〉

## （二）

在憶往聲中，司徒衛道出了他的寫作及文教生涯。學經濟，卻走上文學的道路，是他所沒有料到的事。

文學是他的興趣。唸中學時開始投稿，寫的大部分是散文及小說。到了大學，即以新詩聞名；尤其擅長寫數百行的長詩。畢業後不久，很順利地進入浙江《大同日報》擔任總編輯；自此就似乎注定了他從此邁上新聞、文教之路的命運。

「來臺後，一面教書，一面寫作；開始對寫書評發生興趣。首先評了徐鍾珮的《我在臺北》、王文漪的《愛與船》、鍾梅音的《冷泉心影》。之後，鳳兮先生主編《新生報副刊》，約我寫『星期書評』專欄，每星期一篇，就這樣一直寫下來，一口氣就寫了半年多。」

於是「司徒衛」這一個名字代表著書評家，也就從此確定了。雖然他曾以散文、新詩見稱，卻以文藝評論建立文壇的地位，這大概也是他當初沒料到的吧！

從民國三十九年到四十六年，司徒衛活躍於文壇的時期。除了不停地寫書評之外，他還參與各文藝團體的發起工作，如「中國青年寫作協會」、「藍星詩社」等（以後的「中國新詩學會」，他也是發起人之一）。民國四十四年間創刊的《文藝論壇》，編輯委員有：王平陵、高明、史紫忱、葛賢寧、鳳兮、司徒衛、寒爵、劉心皇、王臨泰、彭歌、王宇清、冷楓、姚夢谷等人。史紫忱任社長，司徒衛是總編輯；這是當時唯一的文藝論評週報。

自從出版了《書評集》、《書評續集》之後，司徒衛就逐漸擱下了他寫論評的筆。

「這有三個主要的因素。第一是我的眼睛動了手術之後，醫生再三囑咐要節省眼力。而寫書評勢必要整本書從頭到尾逐字細讀，有的還得反覆多看幾遍，是一項絕對少不了眼力的工作。與其敷衍了事，不如不寫。第二個原因是，我從民國四十七年開始，接編《幼獅》月刊，一連編了兩年。當時我幾乎用全力去編；從邀稿、版面設計、編輯，還有與印刷廠打交道，全都是我一個人。可說非常非常忙碌。另外，我教育方面的工作加重了，在很多個學校兼課；最多的時候，我同時在五個學校教書。每天上課、準備教材、批改作業卷子及讀書報告，已經讓我喘不過氣來了，怎麼可能再有時間精力寫作呢？」

於是他在文壇上自絢爛而歸於平淡，專心一致地作育人才。

「我在教育工作崗位上三十年，到現在還是樂此不疲；可說也有三大原因：第一是教學相長，可使自己的學識不斷進步。第二是經常與青年接觸，可以受到年輕的蓬勃朝氣的影響，而不致落伍衰退。第三，教育界的工作比較平靜，適合我的個性。」

三十年的粉筆生涯，他教育出不少傑出的學生，現在正活躍於各界，也有很好的表現；對於他在杏壇辛勤耕耘的收穫，可用一句成語——「桃李滿天下」來形容。面對這滿天下的桃李，司徒衛該感到無限的欣慰吧！

（二）

「民國四十三年九月間，中央文物供應社首次推出了司徒衛的《書評集》。這是一本純文藝批評的集子……一共有廿一篇書評，有評小說的，有評散文的，也有評詩的，可以說是部全能的文藝批評集子……。」（《中華民國文藝史》：正中書局）

創作者不一定能評論，評論者也不一定能創作。而且能評小說的，不一定能評散文；能評散文的，也不一定能評新詩。司徒衛的《書評集》卻被認為是一部「全能」的文藝批評集子。一般讀者只知道司徒衛是書評家，很少有人知道他也有不少創作。來臺後的詩作雖不多，創世紀詩社在四十五年所選的《中國新詩選》，選了他一首〈詩的果盤〉；那是由四首風格不同的詩組合而成的。中國青年寫作協會所編的《新詩創作集》中，也選了他所作的一首長詩〈雲〉。此外，他曾在《中國一周》、《復興文藝》、《幼獅文藝》等刊物上，用不同的筆名，發表過若干篇風格清新的散文和含意深長的小說，如〈古老的火車頭〉、〈往事〉、〈秋天的街〉、〈織補的姑娘〉、〈馬戲團外的孩子〉等等。他又替幾家報社寫過專欄，趣味雋永、筆調靈秀、寄託遙深、謔而不虐，是他雜文的特色。例如他的〈閑話麻將〉中的一段：「坐在家裡，常聽到鄰居打麻將的聲音。……有時打麻將的人興致特別高，居然雀戰通宵；這時若碰到我深夜執筆，雖也覺得他們有幾分干擾，但一想到世界上有打麻將而犧牲睡眠的人，自己就似乎對燈下筆耕的生涯，獲得若干慰藉。如碰到夜半夢回，恰逢清脆的打牌斷續傳來，也有種說不出奇趣；這是無法用秋雨滴梧桐、雨打芭蕉，或雨灑枯荷等可以相比擬的。只有一陣驟雨似的洗牌聲，令夜深寂靜的心靈，有種被冲刷洗滌的痛快。心情好的時候，甚至還會想起：『聽夜深寂寞打空城，春潮急。』這樣淒涼而又美麗的詞句來。……」

類似這樣的文句，在他的「方塊」中，常可見到。讀者在會心一笑之後，免不了有一番沉思。但對嚴肅的時勢、文學、社會等問題，他卻筆力雄健，常有一針見血的功效。一位做了他三十年忠實讀者，卻未曾謀面的先生寫了一封信給他，說：「三十年來，不論您在哪家報紙，用哪個筆名寫專欄，我很快就可以看出是您的作品，我家所訂的報紙也因您的專欄轉移而改變；因為看您的專欄，使我覺得有生命力，充滿智慧。真是生活上的一大享受！……」

「文如其人」這四個字用在司徒衛身上，可說再恰當不過了。他的為人、行事，乍看有一種嚴謹不可親近的威儀；課堂上，他一絲不苟地盡著傳道、授業、解惑的神聖責任。課業之外，他視每位學生如子弟，常以他寫專欄的幽默筆調，在談笑間潛移默化學生的精神與氣質；凡是受教過學生，一提起這位經師人師，總津津樂道他那句句珠璣的言辭。有年耶誕節過後不久，他突然接到一封厚厚的航空信，發信人的名字他略有印象，只是人長的樣子如何他已完全記不得了。那是他教過的一個學生，十年沒有音訊，卻在獲得博士學位的當年耶誕夜，沒有去狂歡，反而在燈下寫信給這位十年都沒請過安的老師。信中激動地表示當年如何受到老師深重的影響，對老師當年在課堂內外所講的話，還能一字不錯地寫在信上。「這就是從事教育工作獲得的快樂與安慰。」司徒衛之所以能自文壇上由絢爛歸於平淡，而對辛勤的教育工作甘之如飴，是可以了解的。

「身為一個教育工作者，我們所說的每一句話都要非常慎重。或許你只是無心所開的一句玩笑，卻可能對學生一生都有不良的影響。」司徒衛正色地說。每位學生都深知他有著很傑出的口才；偶一開口，常令人捧腹不止。笑過之後，才領會到他話中深藏的意義。一位學者說過：「幽默並非耍嘴皮子，它是最高的智慧。」司徒衛的口才真可表現最高級的幽默。

甚至他的書評，都不是硬梆梆的理論文字。《中華民國文藝史》中，指出他「以散文小品的筆調，評論作品，於指出作品的關鍵性所在之外，清新可讀」。

假如用「全能作家」來形容他該不為過吧！

「我雖然也寫書評以外的文章，但我不敢自認是一個作家。做學問也好，寫作也好，能博自然不錯，求精才是最重要的。所以，三十年來，我只出版了兩本書評集子，其他的作品，大部分以另外的筆名發表；知道是我寫的人固然不多，我也沒打算要收成集子。我只期望將批評工作做得更完善，而文學創作能得一二知音就足夠了。」

澹泊的人生觀及高雅幽遠的意境，自他談話的神情中，自然地流露出來。尤其是從文壇退隱之後，他幾乎已不再參加任何活動；也從不曾對身邊的人提起不凡的過去，難怪與他同事了兩年的名作家朱西寧先生會對學生驚歎：「我竟不知道心儀了二十年之久的司徒衛先生，就是祝豐教授！」

「往事對我只是人生的痕跡罷了，我們要向前看，不能老沉醉在往事之中。未來有太多的事等我去做，哪有時間與精神去細數從前呢！」司徒衛笑著說。走筆至此，筆者不禁深感幸運，要不是透過司徒夫人的協助，從不接受訪問的司徒衛，也不可能道出這麼寶貴而鮮為人知的「司徒往事」！

在司徒衛風趣的談吐之中，使人想到他寫書評的嚴肅態度。

「作為一個嚴正的書評者，絕對要避免三種畸形的書評論列：是將文藝批評看成經濟的實用的藝術，使批評者變成作品與作者最好的推銷員或宣傳員。第二種是視文藝批評為攻擊人身的利器。另一種是藉文藝批評作自我炫耀的工具，這類批評者以貶低作者及作品，為炫耀一己博學與身分的手段，亦正如所謂將自己的快樂建築在別人的痛苦上。文藝批評的真義既失，則不免變成可恥的對象。」

所以他在「文藝理論與批評的建立問題」一文中，提出了他寫書評的立場與態度：「我們要求自由中國純正的文藝工作者和有志於研習文藝理論及批評者的互助合作。作家不一定能發揮理論或擅長批評，可是，創作甘苦與心情，卻正是建立理論與批評的最寶貴的資料和養分。理論家、批評家不一定能創作，設若他能充分認識作家的創作經驗、感想或心得，那麼，立論、解釋，或判斷的標準與根據，才可能不是觀念的搬弄、教條的堆積，以及成見的作祟。而研究的方式、服從真理的態度、砥礪的精神，是他們三者互助合作的基礎。出色的創作，正確的理論與批評，尤其是現階段，是在這樣交互影響、相互激勵之中才有可能產生的。」

二十多年了，司徒衛雖然不再有書評發表，但他在文化大學中文系文藝組教授「文學批評」的課程，可以說是他對文學批評的興趣，已從實際的批評工作，轉移到研究和教學上面去了。雖然很少再在文壇出現，可是身為一個熱情的文藝愛好者，他仍一直關懷著中國新文學的發展和文壇的動態。且看他書房中那幾面書牆，不是排列了許多當今的文藝作品嗎？他只是在想如何為文壇再作一些有意義的奉獻。於是，有了《當代中國新文學大系》的出現。

## （三）

「中國新文學在臺灣復興基地上的發展，已歷時三十年，其豐碩的成果，不僅顯示著長足進步的軌跡，並且呈現其輝煌的遠景。因而這是中國新文學史上，一個極其重要的階段。繼往開來，推陳出新，值得加以珍惜，尤其在國步艱難的現在，有系統地整理其成績，更具廣遠深厚的意義。」

於是司徒衛起而主持《當代中國新文學大系》的編選。

這也是他一件較大心願的實現！

「早在民國六十年左右，我替驚聲文物供應公司主編一套《驚聲文藝叢書》，曾出版不了少名家的作品，像：趙滋蕃的《海笑》、鳳兮的《第一等人》、琦君的《七月的哀傷》、何欣的《未實現的諾言》……將近二十本。在那時候，我就有心整理當代中國的新文學，該公司非常贊同這個構想，可惜後來因為種種因素而沒能實現。直到天視出版公司的負責人曾季隆先生，有一次聽到我談起這件事。他是個非常有理想有抱負有眼光的年輕人，聽了以後，興致勃勃地願意使這個構想成為事實。我幾年來的宿願終於得償。」

於是，一方面是實現他多年來的宿願，同時也是鼓勵那位有理想的年輕出版家，有整整一年的時間，他義務地把課餘的時間全部投注其上，孜孜不倦。

「我希望透過這套書，能夠確實地展示近三十年來中國新文學發展的脈絡，與它的全貌，從而介紹給海內外的讀者，使每一個愛好新文學的人，都能領受到它所反應的真誠與善美。文壇先進的心血得以保存，並使後來治文學史的學者有完整的資料可查，更使後進能溫故知新，創作更輝煌的文學作品。」

這套大系堂皇的十鉅冊，收錄了三十年來具有代表性的文學作品五千萬言。實是文壇與出版界的一件盛事。

「唯一的遺憾是有些部分，由於資料已無法獲得，以致不能做到預期中的十全十美。」他接著補充說：「以後的修訂工作，一定可以彌補這項缺失。」正如他一向所持的做事原則，不做則已，要做就要是最好的！

從主催這套大書的出版，誰能說司徒衛已對文學不再關心？他在幕後默默地做更大的奉獻呢！

## (四)

這一兩年來，司徒衛連續發表了一些名為「靜觀散篇」的散文。使讀者對他又產生了更大的熱愛與關注。

「其實，這類散文，是我多年來一直想寫的；只是工作太多，無法靜下心來寫。在心裡醞釀了這麼多年，也該是下筆寫出來的時候了。」

像〈霧〉、〈書〉、〈劍〉等篇，讀過的人無不讚賞。一位老文友很高興他能再提筆上陣，寫純文學的散文，特從國外打電話來向他道賀。

像「靜觀散篇」這類的散文，非有相當的人生閱歷及理性的思考，加上感性的激盪，根本是無法寫成的。

司徒衛發表了幾篇散文之後，意外地獲得熱烈的迴響。在幾位主編的催促下，他搖著頭說：「似乎前輩子就與文學結了不解之緣。」然而，他還是很慎重下筆。這就是他的原則：不寫就算了，既寫就要寫些自己比較滿意的。

似乎，他心中已重燃了文學的火焰，冀望他對自由中國新文學繼續有更多的貢獻，並在他個人的文學生涯中，這是一個再出發！

原載《出版與研究》半月刊第四十期，一九七九年二月，略加修改
收入《奔雲集》，臺北：文化大學，一九八二年，
改題為〈走不盡的文學路——司徒衛訪問記〉

# 珍貴的文學史料與文學批評的典範
## ——我看《五十年代文學論評》

歐宗智

### 五〇年代文學的真實面貌

一九四九年以後，許多作家隨著國民政府來到臺灣，這可以說是臺灣文學大放光芒的發軔階段。這麼小的一塊土地上，居然一時聚集了這麼多來自四面八方的作家。在臺灣文學史上，此乃值得大書特書的大事。

由民國三十九年至四十九年（一九五〇——一九六〇）這段時期，臺灣社會生活日趨安定繁榮，作家在較為穩定的生活環境之下，努力開拓創作，或述念舊懷鄉之情思，或抒反共愛國之心聲，或記民族之動亂苦難，或寫臺灣文化之複雜面貌，不論在詩歌、散文、小說或戲劇等部門，都有極可觀可喜的表現，它不但延續了自由中國新文學的發展，也為日後枝葉茂盛、百花齊放的蓬勃局面奠定厚實的基礎。

然而這些五〇年代的文學作品，目前市面上絕大部分都看不到了，除非是常銷書（如張愛玲《秧歌》）或者很幸運的獲得重新出版（如吳魯芹《雞尾酒會及其他》），否則愛好文藝的讀者已無緣見識，即使大型圖書館也未必蒐集齊全。由此亦可知，關於文學史寫作，其資料蒐集之困難。

所以，一般讀者對於五〇年代文學大多一無所知，細心的或許知道，五〇年代文學主張的是積極的「戰鬥文藝」，至於詢及五〇年代文學的真實面貌，則往往攤手搖頭。是以司徒衛《五十年代文學論評》（臺北：成文，一九七九年七月初版）的出版，多少彌補了上述的缺憾；司徒衛（本名「祝豐」）以謹嚴的態度，對五〇年代自由中國文壇中，具有代表性作家的作品，詳加考察，一一論評，使年輕讀者得以一窺彼時臺灣文壇的絢爛與光采。

## 褒貶兼而有之

司徒衛《五十年代文學論評》選了理論三家、詩五家、散文九家、小說二十六家、戲劇一家，包括葛賢寧、覃子豪、張秀亞、王琰如、朱西寧、彭歌、郭衣洞、白宇等，共計四十四家的作品加以論評。由這份堅強、充實的名單，不難想像當時文壇的熱鬧、蓬勃、生氣與活力。唯其中尚無論及本省籍作家作品，足見當時臺灣文壇皆為大陸遷臺作家的天下，本省籍前輩作家如葉石濤、鍾肇政、李喬、鄭清文等，還正在創作的道路上奮力前進。

《五十年代文學論評》的每一篇論評文字，多在兩千字左右，雖然不似「作家論」那麼深廣有份量，但司徒衛本著客觀、嚴肅的態度，發表一針見血的見解，非但挖掘、褒揚作品的長處，介紹作家的特點，同時提出許多有力的針砭及寶貴的建議，使得讀者得以對自由中國五〇年代文學有更深切的了解與正確的認識。

比如，論蓉子《青鳥集》，司徒衛指出，蓉子的詩多半是「哲理的」，思想的閃光，照耀得短短的詩篇晶瑩可愛，這正是「小詩」的特色。但也提到，《青鳥集》在簡潔明淨之外，還不免節奏的生硬與內容的晦澀。司徒衛批評作者，過於注重思想的含蓄，刻意地表現哲理的深奧，使得情愫不能充分而適當地伸展。

談及鍾梅音《冷泉心影》，他非常欣賞鍾梅音散文中那一層深厚的人情味，說這人情味在亂離的歲月中，令人感動而又神往。司徒衛亦不忘指出，鍾梅音的文字由於過分受到舊詩詞影響的牽累，往往顯露出雕琢與刻畫的痕跡，缺少了生命的光輝。

又，關於張愛玲反共文學名著《秧歌》，司徒衛評曰，作者絕少正面描寫匪徒的暴虐，不同於當時一些反共文藝作品中，那些吃力不討好的描寫方法，或刻板而乏味的敘述方式。在描寫動作或心理上，作者一筆不苟，成功地塑造了兩個人物，並能注意他們的轉變過程，而以匪共的糧倉被搶被焚，凸顯他們鮮明的性格。同時誇讚，《秧歌》之中可以見到西洋文學的影響和作者的創作才華，有一種優美的諧和與融合。然論評指陳，《秧歌》的時間性不清，在寫實的意義上，造成了一種可憾的疏忽。

由此可知，司徒衛沒有囿於個人喜惡，能拋去成見，了解作品的優點，客觀指出作品的瑕疵，褒貶兼而有之，多有創見。

## 文學創作離不開時代與人生

在優美的論評文字當中，也可看出司徒衛的文學觀。他認為，文藝與時代、人生有著密切的關聯，文藝乃是時代生活的反映，他說：「關於生活實踐與創作實踐，我們認為這二者對於一個文藝創作者是同等重要，而且是同時並進的。」（論虞君質的《天才與人力》）又說：「作家必須生活實踐與創作實踐契合一致，然後才能產生形式內容並美的有價值的作品；才可能由『內在的真』的體會『發為外在的美』。」（論

王集叢的《中國文藝問題》）

上述主張，文學創作離不開時代與人生，要求作家深入體驗生活，而後懷著與時代精神息息相通的心情，來描繪時代與人生，所有的文藝創作者當奉為圭臬。除了內容的要求，司徒衛也重視文學作品形式的完美，他在評論蓉子《青鳥集》時，提出「作品的內容，如何藉助高明的寫作技術以求得最妥貼的形式表現」這個問題，自然也是文藝創作者所不可忽略的。

## 珍貴史料與批評典範

除此之外，司徒衛《五十年代文學論評》還附錄了〈論書評〉以及〈泛論五十年代的小說〉，前者旁徵博引，為有志文學批評者必讀，後者則說明了五〇年代小說的演進、特色、趨勢，是經過細心綜理的珍貴史料，乃全書壓卷之作，幫助讀者進一步認識五〇年代小說的精神面貌，實具有其重大意義。

如果想要了解臺灣五〇年代文學，毫無疑問，此書堪為最佳入門書。當然，《五十年代文學論評》也為撰寫臺灣文學史者，提供了十分珍貴有用的史料；而有心從事書評者，司徒衛《五十年代文學論評》更是不可遺漏的典範之作。

原載《自立晚報》文化界週刊，一九八二年一月三日

# 專欄文章的新境——談司徒衛《靜觀散記》

歐宗智

## 專欄的奇花異卉

這的確是一本冷靜而不熱鬧的書，或許並不討好一般的讀者，但只要安靜地坐下來翻閱它，必定越發覺得它的耐看，進而愛不釋手；這是司徒衛《靜觀散記》（臺北：李白，一九八七年三月初版）的魔力。

《靜觀散記》一書是《聯合副刊》專欄的結集，和一般報紙副刊的專欄一樣，它言之有物，主題往往關涉社會現象；不同的是，作者觀察入微，運用高度的文學技巧來經營專欄，每每以感性的語言撥動讀者的心弦，提升了方塊文章的藝術境界，這是作者真正的高明處，使得《靜觀散記》成為專欄文章的奇花異卉，展現秀雅妙美的風貌。

## 綻放思想的花朵

書中共五十九篇文章，按發表順序排列，篇篇掌握時代的脈搏，從日常生活下筆，抒發深刻獨到的感悟，讓人在擊節激賞之餘，靜靜地思索回味。像〈南陽街〉，作者由放榜後的補習街筆鋒一轉，寫附近新公園的算命攤，說：「光顧的男女老少多數帶有考試『落第』似的神色。人類應該是不受命運支配的；生命中的各種挫敗的克服，也是可以補習的嗎？」〈馬戲〉指出，飆車也是另一種馬戲，作者說：「這樣的賭命大賽車是一個『馬戲』的表演節目；則荒謬的不只是上千的賭命騎士，更荒謬的是幾千個助陣的觀眾。」

在〈麥克風〉一文中，作者感喟：「比之於卑劣猥瑣的『耳語』，以及可怖的沉默，麥克風雖然大聲吵人，也還是可愛多了，也有價值得多了。」

〈托缽〉裡，由托缽化緣，寫到找工作的年輕人如「沿門托缽」，作者肯定托缽含有追求和回饋的意義，但他也提醒，「所托的應是缽，而不是碗；如托著一隻空飯碗，那成什麼話！」同樣的，由〈櫥窗〉的展示功能，作者聯想到，「設想一個人拿著文憑、學位證書或一大堆文件、著作之類，站在一個櫥窗內；這不是使人覺得異樣而有趣麼？所以，我說，櫥窗是個特殊的奇妙的空間。」

《靜觀散記》書中，每篇文章都或多或少綻放了些諸如以上所舉的思想的花朵，更可貴的是，毫不說教、八股，讀後不僅引起共鳴，更讓人欽服作者的睿智。

## 溫柔的嘲諷

除此之外，值得一提的是《靜觀散記》的溫柔敦厚而又不失幽默、機智。如〈照相〉，覺得身掛相機的人真是熱愛人生，是所謂的「從喀嚓到永恆」；如〈劍〉，莊嚴的長劍到了道士手中，成了配合畫符、唸咒的道具，也是一種落魄；如〈香煙攤〉，擔心洋煙大軍登陸後，置身戰國時代的香煙攤，是否從此逐漸淪為「租界」；如〈舞會〉，反對跳舞者，於舞禁開放後，立即把跳舞活動讚為有益年輕人身心的十全大補，欣賞這種雄辯術，彷彿見到一種詭異莫測的舞步；如〈升降機〉，據說爬樓梯是健身妙方，其功效媲美爬山，所以上年紀的人寧可捨棄電梯而去辛苦地爬樓梯，且多顯現青年人爬大霸尖山那樣的氣概；如〈小廣告〉，說有些報上的小廣告已突破固定的版面，囂張地侵入其他各版，在版面下方占據好大一塊，好像新有的違章建築區；如〈老年〉，稱南非一位八十五高齡的曾祖母安妮，下嫁二十六歲的青年波塔，是發揮老當益壯的精神；如〈單身女郎〉，讚美單身女郎是一首亭亭玉立的一行詩，是一齣匠心獨運的獨幕劇；如〈小白菜〉，假若會議時發生了爭吵，義大利脫星議員「小白菜」史脫樂上臺發言，連帶表演，場中立可呈現團結和諧的氣氛。

類此幽默、機智的文字，無不讓人會心一笑，即使是嘲諷，也應歸為溫柔的嘲諷。這樣的例子，在《靜觀散記》中俯拾皆是，成為該書修辭的一大特色。

## 開闢一條新路

《靜觀散記》的內涵、技巧，證明專欄文章足以成為傳世的文學作品。

這樣風格的專欄，作者非得擁有豐富的人生閱歷、深刻的理性思考、感性多彩的文筆以及超人一等毅力是寫不出來的。雖然作者在序文中說到，「專欄文章並不好寫，甚至不易寫得好」，實則由《靜觀散記》的面世，我們不得不承認，用心的作者已在散文界開闢一條新路，一步一步邁向更寬闊的天地，帶給讀者一集接一集的《靜觀散記》，和更多更多人生的體會與感悟。

原載《文訊》第三十三期，一九八七年十二月，頁二一三—二一五

〔註〕：司徒衛專欄結集，《靜觀散記》之前有《奔雲集》（臺北：中國文化大學，一九八二年），之後陸續問世的有《鬱金香的激情》（臺北：合森文化，一九八九年）、《雕像》（臺北：聯經，一九九〇年）、《地下火》（臺北：業強，一九九〇年）、《笛音壺》（臺北：業強，一九九二年）、《缺陷中的圓滿》（臺北：幼獅，一九九四年）等。

# 盡一個大我的責任——祝豐的求學與創作

周昭翡

祝豐，江蘇人。字茂如，筆名司徒衛。國立英士大學畢業，曾在新聞、教育、文化界服務多年。現任中國文化大學中文系教授。

著有評論：《書評集》、《書評續集》、《五十年代文學評論》。散文：《奔雲集》、《靜觀散記》、《鬱金香的激情》、《地下火》等多種。曾主編《驚聲文藝叢書》及《當代中國新文學大系》。

筆名司徒衛的祝豐，在他四十載的教學生涯中，默默孕育了無數文化界的人才。他從高中開始寫散文和詩，文筆平易中見功力，樸拙不誇，就像他靜觀的人生一樣，穩健而真情流露。

說到祝豐，除非是上過他的課，知道他是一位執教嚴謹、孜孜不倦、待學生誠懇勉勵、寬厚有加的教授之外，大部分的人對他是陌生的。然而，說到司徒衛，就有大半的人，有意無意地讀過他的專欄「靜觀散記」了。

祝豐老師，筆名司徒衛。在他四十載教學生涯中，默默的孕育了無數文化界的人才。常常是一批接著一批的學生，探訪他陽明山的溫煦小屋，幾杯清茶，閒話家常。他待學生像朋友。

從高中時代，他就寫散文和詩，健筆至今不輟。他的散文，平易中見功力，樸拙不誇，卻往往更具動人的力量，他散文創作的藝術理念和持久性，就像他靜觀的人生一樣，穩健而真情流露。

祝豐從六歲啟蒙，因為家庭情況較好，普通人讀的是私塾，他家裡就請了家庭教師來教；讀的主要是四書及經書。八歲左右，又請了另一位先生來教新的東西，上到了十歲。

「那時的小學制度，沒有像現在這樣嚴格，所以我一進小學，就插三年級。因為在家裡讀了一點古東西，文字方面有點基礎，甚至還讀了一點簡單的英文。所以，小學課程不但可以銜接上，而且還讀得好。」

祝豐繼續說起小學生活的狀況，「那時候的小學很講究『愛的教育』，我讀的小學，就很受五四運動以後新的教育思潮的影響。對小孩的責備，頂多是讓他面壁，罰跪的都很少，更不要談打。」

當時的小學教材，就有夏丏尊翻譯的《愛的教育》，也因為受到這本書的影響，老師們上課歸上課，下課即和同學打接一片。或許祝豐也是身歷其境，使得他在執教生涯裡，格外能與學生交心。

## 趕上中國新文藝的初始

「我們的國語有『說話課』，相當重視白話文的推行。記得六年級時，一位老師讓我們背上海出版的《兒童文學》，這本書集合了當時新文藝作家的作品。除此，還有冰心的《寄小讀者》，所以小學生的講話、寫作程度都不錯。我小學就能寫一千多字的文章。」

趕上中國新文藝運動的初始，確是令人振奮之事。而祝豐在六歲時就背四書，小學又接受了白話文的教學，非但不衝突，反而成了他人生及創作的滋養。

「小時候讀古書，注重背書，有些字句不一定懂得深刻。大了以後，自己慢慢體會，就可以得到印證。這樣的過程當然花費時間多一點，但也未嘗不好，從小的時候就打下基礎。」

## 學了文學又唸經濟

抗戰時期，除了一般人熟知的西南聯大之外，還有由上海各大學組織的東南聯大，兩個學校在一起上課，校長也是同一人。

「原來我唸的是暨南大學沒有法學院，東南聯大有，我剛好有興趣，就轉唸東南聯大經濟系。東南聯大的法學院，就是英士大學前身。英士大學是為紀念陳英士先生，我因為暨南大學的課修得差不多了，就選唸經濟，當時不能拿雙學位。」

文學和經濟，是截然不同的兩個學問，祝豐的經驗，畢竟令人有幾分驚訝。

「就經濟學方面，我個人對經濟理論比較有興趣，實務上的會計統計，就比較差。就文學方面，當時文學勢力廣泛，對國家社會問題也有所討論，我都很感興趣。這兩個學科雖然不同，在我看來，卻沒有什麼相互妨礙。」

他繼續說：「抗戰勝利後，我在杭州的一家報館做事，做了好幾年。到臺灣以後主要是教書，教授文學為主。也因為機會比較多，教了四十一年，新聞工作還是在做，有關文化方面的活動，我仍不斷在參與。」

## 誠懇坦白的教學態度

四十一年的教育生涯，什麼力量讓祝豐持續且孜孜不倦呢？

他笑著說：「有好幾次工作機會，後來還是沒有換。至於原因，我也不敢說『教育事業是多麼神聖』這類的話，但有一點，我覺得教書的工作，可以保持一點個人的尊嚴，和我的性格和興趣都比較接近。我在教學上，可以得到相當程度的發揮。我不敢講『教不厭』，但教育工作對我而言，還是比較恰當。」

祝豐一直在文化大學中文系文藝組任教，教詩、散文和文學批評，也指導社團。他極關心同學的生活情形及課外活動狀況。

「找祝老師談談。」是很多同學有過的經驗。課業上的疑難、畢業就業的看法，感情上的困惑，祝老師都是最能耐心傾聽，而且提出中肯建議的長輩。「春風化雨」似乎是對和善師長的一句老掉牙形容詞，可是用來形容祝豐對學生的關愛鼓勵，卻甚貼切。

他說：「從前一位老師對我說，『學生可能有分好壞，但是做一個老師，必須認為所有的學生都是好學生』。這樣才能給學生做學生的自尊，保持他個人的尊嚴。如此，即使他行為上有偏差，就較有可能慢慢反省。做一個老師的偏見也會少些，老師對他的教導，也就能夠在一種比較客觀、公平的狀況下進行。」

他繼續說：「每一個人都有缺點，把學生當作好的，以和善的態度來對待他，讓他慢慢修正，比對他保持距離或當面給他難堪，都來得恰當。這是我個人對教育的態度。」

## 與學生一同學習

除了把學生都當作是好學生之外，祝豐格外強調與學生誠懇坦白地溝通。他說：「對同學誠懇的態度，我覺得非常重要。我們做人不敢講『絕對的誠懇』，但是盡可能要保持最大的誠懇。因為同學如果有一天發現你說的話不誠懇，要打折扣，他會有受騙的感覺，會產生很大的反感。因此即使有錯，老師也應該承認錯誤，保持一種誠懇的態度。只要能夠誠懇坦白，師生之間沒有什麼不能溝通的。」

聽了祝豐的一番話，我也才明白，他是抱持這樣誠懇交心的教學態度，投注他的心神精力。在學生心目中，他也是個謙虛的師長。他總是說，教書很大的快樂和收穫，就是跟學生一同學習。

「一般講『教學相長』，指『教』與『學』。我把『學』的範圍看得廣一點，不僅知識面，還包括做人方面。做老師本身，不但要教，更要長。在做人做事，同樣本著『教學相長』的態度，不能故步自封，要時時自我反省、檢討。和學生們坦誠相處，從年輕朋友身上，得到更多的真誠率直，也才不至於衰老。」

## 人人可寫，理論創作並重

他也常遇到對文學不感興趣的學生。他以寬容的態度，因應學生個別的需要，給他們不同的建議。

「在現在聯考制度下，要填那麼多志願，文學可能不是他的志向所在，不能勉強。另外有一種學生，他可能對文學有點興趣，但是在比較深入研究之後，甚至進一步從事寫作之後，感覺自己的興趣才能，好像不是在這裡，可能發現更有興趣的學科了，這都不能勉強。」他繼續說：「當然我會提醒他，改變心意要經過慎重的考慮，而興趣不夠，也可以培養。」

祝豐認為，即使由文學轉唸其他科系，在業餘也可以從事寫作。或許不如文學系學生的文字來得專，但只要努力，都可以寫得好。

唸文學系的學生，常感於理論與實際文學創作的搭配，不能駕輕就熟。祝豐的教學，往往格外注重這點。或者講理論，以實例來印證；或者談作品，再來歸納理論，更實際運用同學的創作，加以討論。

「理論並不是憑空的，是先由文學作品中，抽出若干原則、原理成為結論。所以，文學理論是從文學創作而來。把理論和創作分為兩部分後，理論可以指導文學創作，給創作一些參考，這點不可否認。小說、散文、詩歌，先懂一點理論，可以多知道一點竅門，少走一點冤枉路。事先有理論基礎，就可以與創作加以印證，比較省力。但是創作如果完全依賴理論，為理論所拘束，就不會進步。」

他再三強調，寫作的人要懂文學理論，並且在不斷寫作經驗中，補充理論，修正理論。也就是受理論的指導影響之後，進而創新。

## 對人生世態的關心

祝豐高中時就開始發表文章，一方面是興趣，一方面他也想賺稿費當零用錢。

「我最主要寫詩，也寫散文，當時稿費雖不多，做零用錢卻很可觀。記得有一次，雜誌社徵文用了我的文章，拿到兩塊銀元。在民國二十七、八年時，物價還沒有大漲，看電影的票價只要兩毛錢。」

祝豐創作的風格，因為時間太長，很難明顯看出受到那些文藝思潮或作者的影響，他說，影響是不知不覺的。

「我想，一個作品的結構要完整，總得有個主題，也就是要言之有物，這是我持續保持的一個創作的觀點。在文字上，也應力求完整，因為我認為文學本身即是文字的藝術。」

目前，祝豐以司徒衛筆名發表散文，寫專欄。他說：「這些作品，有以前寫詩的影子。形式和表現方式受新詩的影響，注重意象，詞語也力求創新。」

## 散文中生活思想

對於散文的創作，祝豐有他的一套見解。

「散文，名曰上稱『散』，但絕不是隨便寫。第一，表現在文字上，儘管個人風格不一樣，但散文的文字一定要講究。其次是文章裡的思想傾向，包括對人對事的看法，對人生、對自然的觀點。散文中除了真情之外，生活思想的底子非常重要。」

事實上，祝豐也因為對生活周遭事物有相當的敏銳觀察，又以他寬闊的學識涵養，才能寫一手好散文，在平凡中衍出無限深意。

「有人說，身邊瑣事不要寫，我倒覺得題材有大有小，都可以寫。重要的是，寫這個題材為了什麼，可以表達什麼？從怎樣的觀點來寫。其他創作也一樣，對人生事態要有觀察能力，從表面現象觀察到本質問題，並且要有相當程度的敏銳，別人覺得無所謂的，你別有一番體會。比較實際的鍛鍊培養方法，就是常拿自己的與別人寫的相互比較，參考別人如何表達。」

總之，散文的創作，祝豐認為終究還是對人生事態的關心。

## 救國不忘讀書

常常，祝豐像是一個有耐心的旁觀者，面對著時光巨輪的瞬息萬變，他的靜觀，成就出一篇精采踏實的文字，給人無限的啟示。對於學生，他有源源不盡的鼓勵和期望。

「記得我小時候，北伐時流行兩句話，『革命不忘讀書，讀書不忘革命』；後來日本侵華，國難當頭，抗戰前夕也有兩句話，『讀書不忘救國，救國不忘讀書』。所以一個學生，不管怎麼說，讀書本身都是最主要的。以求知識對個人的人生，對整個社會，盡一個大我的責任。」

他接著說：「不過一個知識分子，當然不可能關起門來求知識，對客觀環境一點兒也不管。在現在的時代潮流下，一個同學參加社會運動或經濟活動，當然無可厚非，但如果對求知識有太大妨礙，那就是本末倒置了。」

訪談結束了，我看著祝豐穩定的背影消失在視線裡。這是二月難得的豔陽天，心裡充滿著暖暖的溫馨和愉悅。

原載《開拓人文視野》，臺北：業強，一九九一年十月初版，頁五〇—五九

# 望之儼然，即之也溫

## ——訪司徒衛先生

劉叔慧

「老當益壯」的話不知對老作家們是否適用？因為靈感與創造力可能有枯萎的時候，而寫作的修養與技巧等，也未必與日俱增。老作家即使「伏櫪」多時，而想東山再起，重振雄風，有時也可能力不從心。……因而，「勸君惜取少年時」，這樣的話對一般有志寫作者，仍然是大有警惕作用的；而「日月逝於上，體貌衰於下」，對於以寫作為終身職志的人，更具莫大的啟發性與警惕性。一個作家到了體貌已衰之時，應該有充實而不自滿之感；假如所感的竟是空無所有的虛無，那倒要為我們整個的文壇惆悵了。

——司徒衛《奔雲集》之「老作家」

先前電話裡平淡簡直的聲音，落實到眼前的司徒衛先生，恰是不喜多言的素樸面貌。但溫厚的笑容，化解了原先以為可能的嚴肅拘謹。晨光明澈的來來飯店咖啡廳，杯盤交錯兼且人聲喧嘩，我們吃力而愉悅的交談著。杯裡的咖啡漸冷，而心情卻漸漸的溫熱起來。

司徒衛，本名祝豐，江蘇如皋人，生於一九二一年。早期活躍於文壇，新詩、散文均有創作，而以文藝評論最為人稱道。於文化大學中文系文藝創作組任教多年，最近甫自教育崗位上退休。

兼有評論者、創作者、教育者三種身分的司徒衛，自謙生平並無可述之處。然而在他不喜自我誇耀的談話中，似乎仍可隱約勾勒出他的文學生涯。

## 筆緻靈秀的文學論評

年輕時的司徒衛對文學有一份狂熱，寫詩、寫散文，尤其擅長寫數百行的長詩。大學畢業後不久，順利進入浙江杭州《大同日報》擔任總編輯。民國三十六年來臺之後，卻是以寫書評確立了他在文壇上的地位。

「我可以說是臺灣很早開始寫書評的人。」司徒衛輕描淡寫的說。在早年教書與寫作的同時，他開始對寫書評發生興趣。由於有深厚的文學理論為基礎，他的評論文章有深度及文采。後來《新生報副刊》邀他寫「星期書評」專欄，每星期一篇，於是「司徒衛」和「書評家」畫上等號。

「『理解』在批評中是重要的；批評的『解釋』與『判斷』的意義，在於使我們對於作品的價值，具有深徹的理解和清明的感覺。因此，批評家首先必須對批評的對象，具有精細深刻的『理解』。然後，才能完成使命。而『理解』的首要途徑，是如實的去考察當前的對象，去發現其中的真實的東西。」

這是司徒衛在〈論書評〉一文中所提出的，關於書評寫作的要件。在「理解」的前提要求下，深入作品，詳加考察，這是司徒衛寫作書評的原則。

在五〇年代，司徒衛陸續出版了《書評集》、《書評續集》，以後兩書合編為《五十年代文學論評》，對當時具代表性的作品提出許多深刻的評析。「我的評論比較遵從寫實主義的觀點，著重作品內容的分析，有時也用一些新批評的方法。」從司徒衛的書評，可以看到一個同時是創作者的批評家對文學的肯定、對作品的尊重，不論是詩、散文或是小說，他都可以獨到的眼光加以透視分析，真可謂是一「全能」的批評者。

厚重生硬的理論，亦須有淺明簡潔的表達，才能被讀者接受。感性的司徒衛，縱使在寫評論文章亦不失其文采；清麗流暢的文字，是其書評的一大特色。《中華民國文藝史》中，說他「以散文小品的筆調，評論作品，於指出作品的關鍵性所在之外，清新可讀。」確是他書評的風格。

隨著西方思潮快速的湧入，本土評論的發展已非早年的貧瘠可比，然而在令人目不暇給的評論觀點中，如司徒衛推崇的素樸的寫實主義觀點，仍有其珍貴的價值。閱讀司徒衛對五〇年代文學作品的論評，儘管許多作品與作者早已不為人知，但是評論本身所反映的看法和價值判斷，恰是時代風格的展現。

## 靜觀自得的雜文寫作

除了教育工作，司徒衛歷任《文藝論壇》週報總編輯、《民族晚報》主筆、《自立晚報》副刊主編，那個年代的編輯，非得筆下有些功夫不成，他以不同的筆名寫了許多方塊文章，雋永清麗是其文章特色。同時他還是「中國青年寫作協會」及「中國新詩學會」的發起人。

「我的寫作態度較嚴謹，往往要投注很大的心力和時間。作品是作者的思想及感情的表現，其中還包括與社會的關係，以及個人對生命的評價。」司徒衛從容的陳述他對寫作的態度。「年輕時對文學有興趣，寫詩、寫散文，後來興趣漸有轉移。寫詩其實很困難，尤其對有人生閱歷的人而言，因為詩是生命瞬間的美的捕捉，而年紀愈大的人，對事物的感想不再那麼直接。不同的階段有不同的選擇，總之，適性適情。」寧靜的神色中，歲月的滄桑可辨。回顧漫漫文學路，司徒衛有一份謙遜。

最為讀者熟悉的專欄寫作，開始於民國七十五年。剛開始是為《聯副》而寫，想不到一寫就好幾年，《靜觀散記》結集出版了數冊，也算是專欄寫作的豐碩成果。

一般讀者對專欄的刻板印象是缺乏文學性，對司徒衛而言，兼具文學性及現實性的專欄文章正是他追求的目標。「專欄比較重視時效性，也就是針對時事或是一些生活中的現狀及問題提出看法。但專欄並不是新聞報導或評論，我總希望除了做到態度客觀之外，還能給讀者一些想像和思索的空間，具有啟發性。」由於這種自我要求，使司徒衛的《靜觀散記》呈現一致的風格，除了對時事、生活的敏銳觸發，還有清新可喜的溫暖筆調，是一則又一則溫馨細膩的散文。

每週固定的專欄寫作雖然在時間上有所限制，內容卻十分自由。但是題材的找尋並不容易，「當然，閱讀書報是必要的，有時也憑靈感。時時留意生活裡的一切；從生活和現實的密切結合中尋找題材。」故而司徒衛的文章讀來真是平淡溫柔，沒有喧嘩取寵的論點，只有生活中細細品味的人生哲理，或許淺近平常，或許雋永深邃，但因和生活如斯貼近，更是親切溫暖。《靜觀散記》、《地下火》、《笛音壺》……每一本書都好似生活的剪貼冊。

## 誨人不倦的教育工作者

去年才從文化大學退休的司徒衛，是一個始終與學生同心的好老師。人們指責現今大學生缺乏理想、散漫不認真，司徒衛另有一份寬容與體諒的心腸。他認為一個時代的風潮是許多層面共同造就的，不同的時代有不同的觀點。試著站在別人的立場觀照事物，自會有較寬容的心。「現在的年輕人還是很可愛的，即使少有理想也有夢想。」司徒衛笑著說。

望之儼然的司徒衛，從事教育工作數十年，他曾說過讓他對教育工作樂此不疲有三個原因，一是教學相長，可使自己的學說不斷進步；二是經常和年輕人接觸，可以受到蓬勃朝氣的影響，不致落伍衰退；三是教育界的工作比較平靜，適合自己的個性。正因為對教育的投入認真，即使在編務、稿約最繁重的時候，他亦絕不怠忽課業的處理。

在王寬之先生所寫的〈走不盡的文學路——訪司徒衛兼談《當代中國新文學大系》〉中，記錄了一個小故事，我們或可從中看出司徒衛和學生之間美好的互動。

有一年聖誕節過後不久，司徒衛突然接到一封厚厚的航空信，發信人的名字略有印象，但模糊全然記不得。那是他教過的一個學生，十年沒有音訊，卻在獲得博士學位的當年聖誕節，沒有去狂歡，反而在燈下給這位十年沒有聯絡的老師寫信，激動地表示當年如何受到老師深重的影響，至今不忘。

得一良師，終生受益。司徒衛甘於在文壇上歸於平淡，卻始終不放棄對教育工作的堅持，也許就是因為和學生之間的深厚情誼，使他數十年如一日地甘之如飴。

在文化大學教授「詩選」、「散文」、「文學批評」等科目，司徒衛不拘泥於古典傳統，強調應以現代的精神去理解與消化古典文化，才不致使古典文學成為僵化的學科。除了學習，司徒衛更鼓勵學生勇於創作。「文學創作這條路並不好走，現在的作品題材上比較褊狹，經常在感情問題上繞，要寫好作品，必須把眼界打開，多看多寫，拓寬題材，加強內容的深度。」看來嚴肅的司徒衛，卻在言談中流露著對晚輩的溫暖鼓勵和期許。恰是「望之儼然，即之也溫」這句話的最佳詮釋。

## 回首漫漫文學路

有一些蕭索，有一些感慨，淡然的神情中隱藏了歲月沉澱出的沉靜安詳。不論是文學上的聲名或教育上的成就，終竟歸於平淡的生活。「目前的生活很閒散，除了寫兩個專欄和接受一些零星的邀稿，一個人的生活簡簡單單。」回首漫漫文學路，所有燦爛皆已平靜，而存在過的呢？只要是文學上的存在，必是永恆。

咖啡已冷，在來來飯店門口和司徒衛先生告別，心底有微微湧動的溫暖，一股對長者的孺慕尊敬。

而車流如水，人聲仍喧嘩。

原載《文訊》第九十七期，一九九三年十一月，頁一〇九—一一二

# 提燈者——司徒衛老師與我

歐宗智

司徒衛老師是我走上文藝這條路的提燈者，如果沒有司徒衛老師，或許我早就放棄寫作了。

司徒衛老師本名祝豐，早年著有《書評集》，是五〇年代最受推崇的文學評論家，亦為知名專欄作家。民國六十五年，我插班進入全國獨一無二的中國文化學院中文系文藝創作組，那時，司徒衛老師正是文藝組專任教授，在系上開的課有「詩選」及「文學批評」。老師高大英挺，穿著考究，上課幽默風趣，妙語如珠，深受學生歡迎、愛戴。當然，之所以深受學生歡迎、愛戴，還有另外一個非常重要的因素，那就是老師也擔任《自立晚報》副刊主編，他鼓勵同學們課餘創作的最有效方式即——在他主編的刊物上發表文章，既滿足成就感又有稿費可領，豈不快哉！所以當時系上文藝創作的風氣非常之盛。在這樣的激勵下，我寫了不少的散文、短篇小說送請老師指導，結果經常是不久之後，老師到校上課時就順道帶來了文章發表的剪報和稿費通知單，真是過癮！

升大四的暑假，司徒衛老師找我到位於濟南路的宿舍深談，鼓勵我嘗試長篇小說創作，還說打算安排這部作品於《自立副刊》連載。對一個學生來說，這是多麼大的挑戰與恩寵！在這之前，我只寫過短篇小說，最長的作品也只有兩萬字，至於長篇小說，做夢都不敢想，所以一時之間，不敢點頭。於是老師多番打氣，直說沒問題，索性開了「如何撰寫長篇小說」的書單供我參考，並且推薦我看雷馬克的《西線無戰事》、《凱旋門》等名著。由於盛情難卻，最後只好硬著頭皮，答應下來。

七月，我一邊大量閱讀，一邊苦思寫作題材，到了月底，決定寫中美斷交下的一段愛情故事，著手畫情節發展圖與人物關係表，並且於八月中旬開始動筆。除了吃飯、睡覺、閱報以及黃昏的例行散步外，我日以繼夜地寫寫寫，終於在九月開學前完成了約九萬字的長篇小說《仰望自己的天星》。只是截稿在即，沒有足夠的時間修改，加以原稿塗塗寫寫，難以示人，為趕上交卷，我把原稿分成四份，另外商請高中同窗呂家三兄弟幫忙重謄（不幸他們熱情有餘而字跡不佳），所以交給《自立副刊》的一百五十幾張六百字稿紙，共有四種筆跡。老師一定感覺欠妥，又不便明講令我傷心，過了一陣子，才由編輯杜文靖兄委婉地把沉甸甸的原稿退還給我，客氣地提供一些修正意見。老師的意思十分明白，我雖難掩失望之情，但至少我完成了一生的創舉、不可能的任務，我還是衷心感謝司徒衛老師讓我為自己的生命留下永恆的一頁。

後來，我沉澱心情，大刀闊斧地刪改這部長篇小說，一字一句慢慢斟酌，重謄改投《皇冠雜誌》，倖獲平社長鑫濤賞識，跟我簽訂長期出版合約，使我確定走上文學之路。直到二十三年後的今天，我依然清晰記得，司徒衛老師知悉這個好消息時，欣忭地勉勵我多讀多寫，以及緊握雙手，從掌心傳遞給我的溫暖與期待。多年以來，此情此景照亮了我的前路，而我也時時不忘生命中的文藝提燈者——司徒衛老師。

原載《中央日報》副刊，二〇〇二年二月十一日

# 文學與人生的導師——記司徒衛老師

歐宗智

吳靜吉博士名著《青年的四個大夢》，其中第二個大夢是「良師益友」，生命中如果獲得良師的指引、提攜，以及益友的扶持、鼓勵，一定比較能夠實現理想，擁有一個滿意的人生。

在學習與成長的過程中，有幸獲得許多師長的幫助，讓我時時心存感恩，不過其中影響最大、具有特殊意義的是——名作家司徒衛老師，因為我的第一部長篇小說《仰望自己的天星》，是司徒衛老師指導完成的；大學畢業後的第一份工作——擔任出版社編輯，是司徒衛老師推介促成的；我為文化大學出版部編選七〇年代作家小說創作選《彩筆著新章》，是司徒衛老師特意安排的；我小說集的第一篇書序〈創作是永不止息〉，也是司徒衛老師所賜贈。由於恩師與家父同庚，對我而言，如同「文學之父」，如果沒有司徒衛老師，或許我早就放棄寫作了。

司徒衛老師本名祝豐，早年著有《書評集》，是五〇年代最受推崇的文學評論家，所寫論評文章，態度謹嚴，筆致靈秀，篇篇可誦，風靡一時，對於當時國內文藝的進展，頗具影響。一九七六年，我插班進入全國獨一無二的中國文化學院中文系文藝創作組，那時，司徒衛老師正是文藝組專任教授，在系上開的課有「詩選」及「文學批評」。老師授課幽默風趣，妙語如珠，深受學生歡迎、愛戴；記得「詩選」課堂上，甫出版處女詩集《銀杏的仰望》，就讀日文系的華岡詩人向陽也來旁聽、提問，與老師有過精采的互動。

當然，司徒衛老師之所以深受學生歡迎、愛戴，還有另外一個非常重要的因素，那就是老師課餘也擔任《自立晚報》副刊主編，他鼓勵同學們課餘創作的最有效方式即——在他主編的刊物上發表文章，既滿足成就感又有稿費可領，豈不快哉！所以當時系上文藝創作風氣非常之盛。在這樣的激勵下，我寫了不少的散文、短篇小說送請老師指導，結果經常是不久之後，老師到校上課時就順道帶來了文章發表的剪報和稿費通知單，真是過癮！

記得有一年，司徒衛老師因為教學與工作兩忙，不克分身參加臺北市報紙雜誌編輯聯誼會赴中部與東部、長達四天三夜的參觀訪問活動，竟指派我請公假代表參加，要我多向同行的資深作家和副刊主編學習、請教，訪問回來亦可寫些有關的報導。這是我第一次與當時文藝界的知名作家與編輯面對面交談，近距離接觸，的確是一趟難得的文學之旅，一次難忘的生命經驗。印象中，司徒衛老師還事前情商作家叢靜文女士從旁關照我，讓誠惶誠恐的我不致覺得孤單，老師的細膩、體貼由此可見一斑。

升大四的暑假，司徒衛老師找我到位於濟南路的宿舍深談，當時已經發表數部長篇小說，引起文壇矚目的魏偉琦學姐也在一旁。老師鼓勵我嘗試長篇小說創作，表示打算安排這部作品於《自立副刊》連載。對一個學生來說，這是多麼大的挑戰與恩寵！在這之前，我只寫過短篇小說，最長的作品也只有兩萬字，至於長篇小說，做夢都不敢想，所以一時之間，不敢點頭。於是老師多番打氣，直說沒問題，索性開了「如何撰寫長篇小說」的書單供我參考，並且推薦我看雷馬克的《西線無戰事》、《凱旋門》等名著。由於盛情難卻，最後只好硬著頭皮，答應下來。

是年七月，我一邊大量閱讀，一邊苦思寫作題材，到了月底，決定寫中美斷交下的一段愛情故事，著手畫情節發展圖與人物關係表，並且於八月中旬開始動筆。除了吃飯、睡覺、閱報以及黃昏的例行散步外，我日以繼夜地寫寫寫，終於在九月開學前完成了約九萬字的長篇小說《仰望自己的天星》。只是截稿在即，沒有足夠的時間修改，加以原稿塗塗寫寫，難以示人，為趕上交卷，我把原稿分成四份，另外商請高中同窗呂家三兄弟幫忙重謄（不幸他們熱情有餘而字跡不佳），所以交給《自立副刊》的一百五十幾張六百字稿紙，共有四種筆跡。老師一定感覺欠妥，又不便明講令我傷心，過了一陣子，才由編輯杜文靖兄委婉地把沉甸甸的原稿退還給我，客氣地提供一些修正意見。老師的意思十分明白，我雖難掩失望之情，但至少我完成了一生的創舉、不可能的任務，我還是衷心感謝司徒衛老師讓我為自己的生命留下永恆的一頁。

後來，我沉澱心情，大刀闊斧地刪改這部長篇小說，一字一句慢慢斟酌，重謄改投《皇冠雜誌》，倖獲平社長鑫濤賞識，跟我簽訂長期出版合約，使我確定走上文學之路。直到二十餘年後的今天，我依然清晰記得，司徒衛老師知悉這個好消息時，欣忭地勉勵我多讀多寫，以及緊握雙手，從掌心傳遞給我的溫暖與期待。

甫步出大學校門，老師獲知有個出版社編輯的工作機會，主動通知我，因為老師極力推薦的關係，經過面談後，我隔天就正式上班了。結果上班的第一件差事，就是續辦編輯部招考新進人員的業務，我一封一封拆開桌面堆積如山的應徵函，其中不乏名校畢業生，當然也看到同班同學寄來的履歷表，內心真是百味雜陳，我想，如果我也是成千應徵者的一員，果真能過關斬將、脫穎而出，成為極少數編輯部成員之一嗎？我為自己感到慶幸，也衷心感謝老師的鼎力相助。雖然不久之後我轉任教職，對老師深覺愧疚，但老師並不介意，反而頻頻為我打氣，期許我在教學與工作上，都能獲致好的成績，也因此我更加努力以赴，以免讓老師失望。

老師於教學與寫作之餘，長期從事編輯工作，對文藝界貢獻極大，最為人津津樂道的是，出任《當代中國新文學大系》（臺北：天視，一九八〇年四月初版）總召集人，邀集王夢鷗、何欣、魏子雲、鍾肇政、尉天驄、王文漪、齊益壽、瘂弦（王慶麟）、鄧綏寧、劉心皇等學者、作家，分別編選「文學論評」、「文學論爭」、「小說」、「散文」、「詩」、「戲劇」、「史料與索引」共十大冊，深具歷史價值，堪稱當年國內文藝界之大事。此外，文化大學出版《七十年代作家創作選》（一九八三年八月初版），雖是文藝組傑出校友魏偉琦學姐主編，此專案實為老師所精心策劃，而老師也不忘讓我躬逢其盛，與李昂、趙衛民、向陽等共同參予編選，深感與有榮焉。平心而論，此一系列作品為臺灣戰後出生的作家作品提供了最佳的例證，值得文學研究者多加重視。

告別華岡，忙於立業、成家，但仍與老師保持聯絡，每年教師節與農曆新年前夕，一定寫信或寄卡片向老師賀節及報告近況，偶爾有機會也回華岡向老師請安。後來，魏偉琦學姐赴美進修，與老師間的感情發生變化，老師心情備受打擊，一度陷於沮喪。直到某個深夜，華岡有雨，老師在回家的路上，不慎跌了一跤，幸無大礙。但經此一跤，老師忽然頓悟，整個轉換心境，乃由感情的挫折與生命的低潮中重新走了出來，力圖振作，面對人生。以上是老師親口在電話中跟我說的。令人高興的是，老師的至友楊子對其寫作熱烈期許，堅邀加入《聯合報》筆陣行列，於是不久之後，方塊「靜觀散記」正式登場，每週一篇，持續數年之久，成為《聯合副刊》的招牌專欄，也開啟了司徒衛老師散文創作的新境。

關於「靜觀散記」專欄，司徒衛老師自言：「有一種企圖與嘗試；即是以文學的筆觸來刻畫人生世相，表現時代社會，而且儘量以冷靜客觀的態度，進行觀察，試作剖析，往往提出問題，指出癥結，而不強作解人。」事實上，老師的「靜觀散記」，和一般報紙副刊的專欄一樣，它言之有物，主題往往關涉社會現象，不同的是，司徒衛老師觀察入微，運用高度的文學技巧來經營專欄，每每以感性的語言撥動讀者的心弦，提升了方塊文章的藝術境界，使得「靜觀散記」成為專欄文章的奇花異卉，展現秀雅妙美的風貌。而這樣風格的專欄，作者非得擁有豐富的人生閱歷、深刻的理性思考、感性多采的文筆及超人一等的毅力，是無法克竟其功的。

後來，老師退休出國，然寫作賡續不輟，境界益高，來信曾謂：「華岡退休後，因有家屬在美，故旅居紐約的時間較多；隔一段時間回臺灣『溫故知新』……又，在海外寫的專欄，看後『味道』如何？便請告知一二。」這一篇又一篇精采的「靜觀散記」，帶給我更多更多人生的體會與感悟，我當然樂於在信裡或越洋電話中，與老師分享讀後心得。

由於專欄大受歡迎，「靜觀散記」也陸續成書，包括《靜觀散記》（臺北：李白，一九八七年十月）、《鬱金香的激情》（臺北：合森，一九八九年五月）、《雕像》（臺北：聯經，一九九〇年六月）、《地下火》（臺北：業強，一九九〇年十月）、《笛音壺》（臺北：業強，一九九二年一月）、《缺陷中的圓滿》（臺北：幼獅，一九九四年八月）等多種，可謂成果斐然。不過，由於痛失愛女，傷心逾恆，加上眼疾開刀，老師擱置了彩筆。這對廣大的讀者來說，無疑是莫大的損失，我於信上一再表示，至盼老師重拾健筆，無奈老師回信曰：「屢承函告近況，得悉諸事佳勝為慰。余生活平凡，雖仍抱『靜觀』人生世態之態度，但已無心情作『散記』矣！」自此《靜觀散記》乃成文壇絕響，怎不遺憾！

以往老師自美返臺，除了跟家人團聚，我們都會找時間天南地北地暢談一番。有一回，搭乘計程車送老師回位於濟南路的成功中學老宿舍，下車時，因為光線昏暗，而戴著厚鏡片眼鏡的老師視力不佳，我擔心路面不平，就小心翼翼地攙扶老師下車。之後我回到車上，中年司機見我對老師執禮甚恭，就說：「很少看到學生畢了業，還對老師這麼畢恭畢敬的。」我則語帶驕傲地告訴他：「因此他老人家是我大學時代的恩師，並且是非常了不起的作家。」司機先生聽了頻頻點頭，表示十分羨慕我們的師生情誼。

愛女去世後，老師整個人萎頓下來，不但封了筆，且已無意返臺。我依然定期向老師報告工作與寫作的近況，當老師獲知我升職，特地馳函道賀，並多所勉勵，讓我備感溫馨。

二〇〇三年十月二十七日下午二時，老師不幸中風，病逝於美國紐約寓所。老師雖享高壽，然聞訊仍難抑悲傷，有著頓失依靠的悵然。無論如何，哲人日已遠，典型在夙昔，長久以來，司徒衛老師提燈照亮了我文學與人生的前路，我深信，恩師也因靜觀人生的智慧而不朽矣。

摘要刊於《文訊》雜誌第二一八期，二〇〇三年十二月
改題〈文藝創作組的美好時光——兼憶司徒衛老師〉

# 我的師專生活：懷念祝豐老師

謝瓊玉

師專五年，如果沒有了祝豐老師，我的師專生活一定是空白一片，注定充滿遺憾。

祝豐老師的教學是我師專五年裡最大的收穫，他啟發並提升了我對文學與人生的品味。

那時，祝老師已經五十幾歲了吧！他大概家累重才到師專兼課吧？每天上課前，同學們站在紅樓的前陽臺上遠遠的瞧著，盼啊盼的，好希望看到老師走下計程車的身影。偏偏老師太忙了，老是缺課。同學們的盼望常常換回的是失望。

能夠上祝老師的國文課，真是我一生最大的幸福！不管是詩歌、散文，還是小說、古典或是現代，祝老師總是將許多作品解說得非常生動，年輕的我，忍不住對人生對文學都充滿了美麗的嚮往。那時，班上有早熟的同學居然「迷戀」起這位浪漫的國文老師來，老師大概頗受騷擾了一段時日吧！據說，為了省麻煩，自從我們畢業後，老師再也不教女生班了。

祝老師啟發了我對文學的興趣，不過，祝老師並不認識我。

我對祝老師的迷戀程度僅僅止於上課時認真做筆記，有時甚至連老師的咳嗽聲都乖乖記在本子上。畢業多年後，看到自己做的筆記，不禁啞然失笑。

祝老師失偶再婚的時間與梁實秋先生的再婚，時間上相當接近。對於梁實秋再婚，祝老師曾說：「梁實秋願意光明正大的與韓菁清交往，不計外人非議與反對，這種勇氣是值得佩服的。」這大概也是老師的「夫子自道」吧！

前些年，偶然的機緣，遇到祝老師生前在文化學院教書時的一位高足——清傳商職的歐宗智校長，他告訴我，祝老師的感情路上，並不像梁實秋那樣順遂，那位後來與他結婚的女子，背叛了我們的祝豐老師，去美國留學之後，一去不回。祝老師情傷消頹了好長一段日子，最後才又振作起來。

而今，祝豐老師早已仙逝多年。我們畢業後，沒人見過老師。不過他永遠留在我們的記憶深處，我是永遠不會忘記他的。

補述：祝老師從三年級教我們直到畢業。

罔腰ㄟ柑仔店，二〇一〇年九月二日
http://wwyy44.blogspot.com/2010/09/blog-post.html
原題〈我的師專生活之（四）：祝豐老師〉

# 輯三

## 他依然閃著光

# 祝豐老師

鄭培凱

去年我在香港集古齋舉行《書寫蘇東坡》書法展，請了一眾好友作主禮嘉賓，年紀最長的是金耀基先生。他致辭時，說到我們年齡雖然相差不少，卻屬於同一代的人，還有寫字的同好，然後轉頭問我，我們認識有好幾十年了吧？我應聲回答，有五十七年了。他一愣，很快回過神來，告訴到場的朋友，笑說真是很久了，我們是臺灣成功中學的校友。

金先生莞爾一笑，大概是想起前些年我跟他提起往事，在一九六五年第一次去拜訪他的情景。他帶著幾分調侃對大家說，當年鄭教授是個英挺少年。我在臺下回說，金公那時才真是英俊瀟灑，風神倜儻呢。不禁想到，當年我去重慶南路臺灣商務印書館拜會金先生，是中學國文老師祝豐介紹的，他知道我喜歡寫作，就說金耀基任《東方雜誌》主編，是他教過學生中的佼佼者，我可以去見見，請他看看我的作品。我這個毛頭小子，也不知天高地厚，就帶著我的詩稿去了。金先生那時大概三十剛出頭，跟我分享了祝豐老師金針度人的教學法，循循善誘，教了他許多作文的訣竅。他讓我留下幾篇詩稿，後來在《東方雜誌》上刊登了一首，可算是我登入文壇的最早作品之一了。

祝豐老師筆名司徒衛，是著名的文學評論家與報刊編輯，他在成功中學教高三國文，很受同學愛戴，主要是上課認真，學識淵博，而且口才也好。他講解古典詩文，不但說得透澈，旁徵博引，解釋文章引用的典故，總會述說典故背後的歷史故事，還加上自己的人生體會，告訴我們這群毛頭小子，生命的道路經常曲折不說，還真是難以逆料，只能留待後人來評論。他滔滔說來，有點像牧師布道，卻又用語輕柔，時常夾點冷幽默用詞，讓人感到，他在傳道授業解惑的過程中，雖然一貫是潤物細無聲，卻是出自冷雋睿智的心靈，對世事有一種通透的體會。我當時還年輕，對祝老師的人生經歷不甚了了，卻直覺感到這是我人生道路的引路人，對文學藝術產生濃厚的興趣，對文字可以暢述受到壓抑的青春鬱悶，產生了極大的嚮往。

祝老師雖然講的是國文課，會不經意提到一些西方文學作品，有些是我們熟悉的，如狄更斯、托爾斯泰的小說，也有些是我從未聽過的。有一次他在課堂上特別推崇喬治・吉辛的《四季隨筆》（*The Private Papers of Henry Ryecroft*），說他散文寫的真好，我就特別留了意，到處去找這本書，還真找到了一本英漢對照本，認真讀了起來，對英文小品發生了濃厚的興趣。年輕時候讀書，希望有系統掌握中外文學名著，但事實上又不可能按照胡適等人開的必讀書目，本本都讀，總有些莫名其妙的知識焦慮。祝老師對我的指點是，按照自己的興趣，放鬆追求知識的心態，讀自己喜歡的書，讓我對讀不盡天下書的抱憾，得到相當的釋懷。

祝老師板書寫得工整峻峭，一筆一劃都顯得氣骨嶙峋，一派歐體書法。他批改作文，會留下精闢的評語，有時寫得很長，大段大段的，雖是鋼筆字體，卻是典型的歐體字，讓人聯想到辛棄疾〈破陣子〉沙場秋點兵的氣勢。我從小跟著父親寫褚遂良，對書法稍有認識，因為祝老師的緣故，對歐陽詢的峻峭勁險發生了興趣，覺得有一種攀援懸崖險峰的快感，於是特別找來了《九成宮醴泉銘》，臨摹了一陣子，似乎也多少影響了我寫字的風格。

成功中學資深的老師，都住在濟南路教員宿舍裡，由於我常去拜訪祝老師，也因他的緣故，結識了其他幾位教國文的老師，有寫現代詩的紀弦（路逾），書畫大家江兆申。他們顯然都是相濡以沫的知交，從大陸流落到臺灣，因為謀生而成了國文老師。我那時比較洋派，憧憬西方現代藝術，學寫現代詩，對傳統書畫感到有些隔閡，雖然覺得江兆申的字畫有其風格與境界，卻跟紀弦來往的多一些。紀弦的脾氣有點孤僻古怪，同學們都躲著他，但是他對我醉心寫詩倒是十分欣賞，跟我講了許多現代詩「橫的移植」的道理，使我有很長一段時間耽讀阿波里奈爾與法國象徵派的詩，直到今天還不能忘情波德萊爾、藍波與馬拉美。祝老師有一次壓低了聲音，非常體己地跟我說，紀弦以前筆名路易士，是汪偽時期胡蘭成手下的兩員大將之一，以現代詩獨步上海灘，而另一員人將則是寫小說的張愛玲。我和紀弦老師的關係一直不錯，他還指點過我稚嫩的詩稿，並因為他的關係，讓我認識了一批現代詩派的大將，如鄭愁予、黃荷生、羅行，後來在美國還與林泠與方思聯繫不少。

我們高三那一班聯考成績極其優越，全班都名列孫山之前，得益於諸位老師教導有方，還記得有歷史老師于鴻霖、英語老師周複。我進大學之後，祝老師擔任《自立晚報》副刊編輯，安排讀外文系的我翻譯英文小說，讀歷史系的邢義田寫通俗歷史，每人每天在晚報副刊上有個連載小方塊。邢義田寫「伊天說史」，我則翻譯了葛林（Graham Greene, 1904-1991）的《天刑》（*A Burnt-Out Case*）與薩洛揚（William Saroyan, 1908-1981）的《人間喜劇》

（*The Human Comedy*），繼續了一年多的時光。

一晃已近一個甲子，祝老師過世也二十年了。師恩難報，只盼他在天之靈知道學生都懷念他，平和安詳。

# 彷彿又看見老師看著我——懷念祝豐老師

渡也

我的第一本書《歷山手記》九一、九二頁，記錄了我大一上學期期末的生活點滴：「祝教授在前面，講詩的節奏。雨細細地落著。我棕色的套頭毛衣，在第三排右手……」，六十三年的文化學院，一月九日下午，大仁館，四樓，某一小而美的教室，祝豐老師正在講授「文學概論」。這是當年我旁聽中文系的第一門課，對我而言意義重大。我大一讀物理系，天天在微積分、普通物理中載浮載沉，早上遇見牛頓，下午愛因斯坦來打招呼，他們不了解我。我朝思暮想的依然是從高中以來就熱愛的屈原、陶淵明、杜甫、蘇東坡、施耐庵等諸親好友。聽說中文系文藝組祝老師學問好，授課有料又生動，於是到文學院大仁館朝聖。我大一下學期期末終於轉系成功，成為我寤寐思服多年的中文系書生。這是我一生的轉捩點。

由於須補修中文系一年級必修學分，所以正式修了祝老師的「文學概論」。大一只是偶爾隨興聽祝老師的課而已，大二每週有兩堂可以有系統地了解這門課程。

高我一班的學長李瑞騰雅好文學，新舊文學都是他的最愛，不薄今人愛古人，我們氣味相投。他引領我到教授宿舍區雙溪新村謁見史紫忱教授，初見史老師，我有點緊張。此後常去史老師府上，向史老師請安、請益。常在老師書房、客廳恭聽老師的創見及奇思怪想，開啟了我文學創作、學術研究的另一扇門。他府上經常高朋滿座，黎東方、胡品清、柏楊、田曼詩、吳承硯、王士儀、譚光豫、侯立朝、祝豐等鴻儒常來此談文論藝，令我內心波濤洶湧，浪高數丈，於是不知天高地厚的我通過那扇門，走上研究之路。瑞騰學長的文學生命肯定也深受史公館氛圍的影響。

我曾在史公館請祝老師解惑，不只是「文學概論」課程的問題。我大二也旁聽他的「詩選」，課程內容之一的現代詩也是寫詩的我想進一步了解的。翻出《歷山手記》中六十四年五月二十九日的日記：「從紀弦的〈美酒〉出發的，我們的思維，沿著那位教授話裡的小徑，而抵達覃子豪的〈吻〉……。」這一小段，復刻當年上課的實況。多麼浪漫的青春時光啊。

祝老師的「文學概論」我上了「很久」。第一年修這門課，多次翹課，祝老師發現了，於是我被當，罪有應得。老師賞罰分明，並不因為多次在史公館和我見面而高抬貴手。我闖禍了，史老師得知後，唯有哈哈大笑，謹守分際，沒有幫我關說。重修的那段期間，每次在課堂看到祝老師，都深感歉疚。當年被我惹火的尚有鼎鼎大名的潘重規教授、陳新雄教授，前者為中國文學研究所所長，後者是中文系文學組主任，兩位主管火冒三丈的原因一致：經常缺曠課。老師與學長們都認為我超級過分，系上很多人在追問「陳啟佑是哪一位？」還好那時尚未發明人肉搜索。

同班同學朱鳳玉替我說項。她是班代，書讀得一級棒，成績頂好，老師對她印象甚佳，她看我成為眾矢之的，於是向潘老師、陳老師報告我翹課並非去玩，而是到圖書館看書、找資料。我輾轉得知她為我挺身而出，非常感動，差點掉下眼淚。她這樣做委實冒險，可能會被老師責備，當然也許師長會接受她的說法。「到圖書館看書是好事，但還是要來上課。」有位老師對我說，表情嚴肅。

屢屢不到課，無論如何就是不對，沒有理由。被視為怪胎的我深自反省，哪敢拿這些理由懇求祝老師諒解。不過，後來祝老師似乎得知我曠課並非很廢，而是去圖書館啃書，情有可原。

如同史老師一樣，祝老師非常關照學生，提攜後進。記得六十四年六月底，剛放暑假，即將升上大四的瑞騰學長告訴我祝老師囑咐我們寫作，投稿給他主編的《自立晚報》副刊，尤其歡迎小說稿。原來祝老師作育英才之餘還在報社任職，從一九六八年起擔任副刊主編。他不但網開一面，寬容我，還賜我練習寫作及賺取稿費的機會。我內心充滿感激。於是一整個暑假我和瑞騰都留在山上，沒有回家。那個暑假瑞騰住在山仔后菁山路，我租屋在下竹林，兩人除了埋頭寫作，拚經濟，也大量閱讀古今文學理論，常交換新知，有時辯論爭得面紅耳赤。有時我們靜靜聆聽彼此寫的小說主題與情節。感覺暑假全校學生只剩下我們兩枚。從七月初至九月中，大約兩個半月，我廢寢忘食完成多篇短篇小說，拙著《永遠的蝴蝶》、《夢魂不到關山難》中有些小說就是那期間書寫並發表在《自立晚報》副刊。同時我也寫了新詩論述。瑞騰小說與論文寫作的成果亦輝煌豐碩。那一段認真、充實、美好的遙遠的歲月，後來屢屢在夢裡浮現，向我揮手。

我發現當年我有一兩篇小說表現平凡，乏善可陳，祝老師卻依然採用，刻意給我機會。由衷感謝老師的善心美意。

祝老師身材高大，常拎著皮製手提公事包走在校園。說話聲音沙啞，有點鼻音。上起課來侃侃而談，條分縷析，解說定義及術語簡要而清楚，板書亦可觀。這些身影、謦欬在老師二〇〇三年辭世後二十年間不時湧現我腦海。寫到這裡，彷彿又看見老師看著我。「陳啟佑，要來上課喔！」

# 我所有的一切

蕭國和

民國六十二年至六十六年，我就讀文化學院中文系文藝組，四年裡在祝老師的諄諄教誨、啟示、照顧、鼓勵、幫忙、支持下，訓練我成為民國六十六年後，在國內從事專業撰寫臺灣農業問題的作者之一，祝老師的用心栽培與無私的鼎力幫助，是我走上鑽研臺灣農業問題的主要源泉，師恩沒齒難忘！

民國六十三年初，祝老師對我說：

不要再寫小說了，因為再怎麼努力，也寫不過瓊瑤！若真要寫文章的話，你可以寫你最熟悉的農業問題，而後投稿給報社，文章發表的機會非常大，因為目前國內還沒有人撰寫農業問題的文章。

你可以從現在起，到圖書館去借有關臺灣農業政策研究的論文或期刊，然後閉門苦讀，另一方面有空就到臺大農經系和農推系旁聽，必須勤作筆記，有不懂的地方下課後就請問老師，直到問題完全明白為止，這樣雙管齊下的努力三年後，你對臺灣的農業問題，一定會有相當深入的了解與認識！三年後你再開始寫評論性的文章，之後老師幫你看幫你修改、潤飾，你謄完稿後再寄給報社或雜誌社，這樣下來，你發表文章的機會就非常高。當然，你還是要不斷的進修、不斷的鑽研臺灣的農業政策和農業問題才可以！

聽完老師的指示後，三年間我努力地遵循老師的教誨，研讀臺灣農業方面的專論和到臺大旁聽農業方面的課程。

民國六十五年十二月十日，第一篇文章〈當前臺灣農業發展的兩大問題〉竟然發表在聯合報系的《中國論壇》半月刊上，這對我來說簡直是件不可思議的大消息！祝老師更是非常的高興，拿了一本《中國論壇》給我說：

「好好的加油，繼續努力，你的機會來了，一定要好好的把握住這難得機會！」

民國七十五年夏天，在老師的幫忙下，華岡出版社出版《台灣農業何處去》乙書。

民國七十六年，老師鼓勵我幫《自立晚報》撰寫《台灣農業興衰四十年》乙書。若沒有祝老師的教誨與提攜、幫助與開導、鼓勵和照顧，我根本就沒有任何機會能夠走上鑽研、寫作臺灣農業問題的道路上，我所有的一切，完完全全是祝老師所給予的！

二〇〇三年祝老師辭世，距今二十年矣！想及華岡時和老師相處的時日情景，想及老師所給與的愛與包容，想及老師無限的照護和鼓勵，已是淚眼模糊，老師敬請安息！您的風範將永存學生的內心深處。

# 做一個持平且謙和的人
## ——追思祝豐（司徒衛）老師

向陽

祝豐（司徒衛）老師已經辭世二十年了。他的身影雖去，卻常在我的回憶之中。

我與祝老師結師生之緣，是在進入華岡之後，記憶沒有錯的話，當時我大二，就讀日文組，常到祝老師在文藝組開的「詩選」課旁聽，那是一九七四年的事，忘了是上學期還是下學期，喜歡文學，也以新詩創作作為人生志業的我，原本想轉系到文藝組或新聞系，後來不知何故打消念頭，改以旁聽或選修的方式充實自我；同時也因為文學的喜好，加入華岡詩社，結識了不少文藝組的好友，如郭錫隆、林文欽、張效鷗、蕭國和、林建助等，從他們的口中，知道祝老師上的「詩選」課很有內容，講課又認真且幽默，很受同學敬仰、歡迎，因此只要時間不衝突，就常往祝豐老師的課堂跑，坐在最後排，聆聽老師講詩。

大二下，華岡詩社改選社長，或許因為已有作品在報章雜誌發表的原因吧，外系的我意外被推舉為新任社長，接替原社長郭錫隆的工作，當時仍擔心能力不足，祝老師知道後把我叫去，告訴我不必擔心，要勇於承擔，只要能繼續寫詩，用更多的作品證明文學創作能力，就能帶領詩社同仁一起往前推進。那是夏天的華岡，大仁館百花池畔，老師的一席話猶如和風，讓我心中的忐忑消解不少，也就真的「勇於承擔」下來了。

入秋之後，新的學年開始，我又結識了中文系的學長李瑞騰、從物理系轉到中文系的詩人渡也（陳啟佑），在他們的指導和幫忙之下，華岡詩社的活動和社務也因此蒸蒸日上，我們在校內舉辦「中國新詩系列講座」，從週一到週六，一連舉辦六天，分別邀請紀弦、瘂弦、管管、張默、洛夫和羅青來校演講。紀弦就是祝老師幫忙約定（其餘五位則是渡也帶我親往詩人家中或辦公室邀請），遺憾的是紀弦因逢母喪未能前來，其他五位詩人都如約來到華岡，一時之間，捲起聽講熱潮，每晚均有百來位聽眾，就連當時就讀臺大的詩人溫瑞安也帶領天狼星詩社成員聯袂上山參與。祝老師只要晚上有空，也會出席。活動辦完之後，有天在校園與老師相遇，他跟我說：「沒錯，你終於承擔了，辦得真好。」簡單幾句，就給了我更大的信心。

這時祝老師同時還擔任《自立晚報》副刊主編，經常鼓勵學生投稿給自立副刊，他也要我給他稿子，這時我已開始十行詩的習作，場景不少都取自華岡，我拿給老師，他總是很快就刊出我的習作，鼓勵我要不間斷地寫，也鼓勵我不要只求在《自立》發表，要多向各報副刊和重要的文學雜誌、詩刊投稿，才能知道寫得好不好、夠不夠水準。在他的鼓勵下，我從一九七五年開始大量在各報發表詩作，初步建立了自己的風格。

有一天，我去找祝老師商量，問他能否幫忙？我想在報紙上推「華岡詩展」，匯集詩社同仁的詩作，一次展現華岡詩人群的實力。祝老師聽完後，推推眼鏡，說：「很好，你先把稿件收齊，再交給我來處理。」大約一個月後，「華岡詩展」就以半版篇幅出現在《自立晚報》上。「華岡詩展」四個字是史紫忱老師的書法題字，華岡詩人的作品在報紙上刊登，背後充滿了老師們的支持和協助。可惜我當時沒能保存剪報，但我還記得詩社同仁拿到報紙時歡欣雀躍的表情。也因為有祝老師的鼓勵，我後來也循這個模式，在詩人羊令野主編的《青年戰士報．詩隊伍》又一次推出「華岡詩展」。華岡詩社一時成為國內大學不只活躍同時也「有作品」的詩社。

我上了大四以後，詩社社長交給呂俊德擔任，華岡詩人群已經形成氣候，祝老師、史老師還有法文系的胡品清老師、戲劇系的林鋒雄老師也都成為詩社的顧問。一九七六年秋天，我想推出一次詩展，徵得活動中心的支持，就在同年十二月二十八日於校內發行一份全開的《華岡冬季抒情詩展》。這份報紙型的刊物，匯聚了當年華岡各系的詩人：報頭題字是史紫忱老師。我負責編選，執行編輯是陳瑞山和劉克襄，校對則是洛宇（陳玉慧）；內文則是由中文所碩士班的李瑞騰撰寫的三篇評論，分別是〈四面鏡子——入選「八十年代詩選」的華岡人〉（署名「皋羽」）、〈唇與吻之間——「當代詩人情詩選」考察之一〉（署名「慕航」）以及〈詩話渡也——並釋其「靡蕪」中的主意象〉（李瑞騰）。我寫刊頭語〈期待後浪的襲來〉和〈詩的活動，在華岡〉、〈鏡鑑與窗盼——華岡詩社史的回顧與展望〉（署名「司徒子」）。其他就是當年詩社詩人的作品，他們分別是陳瑞山、管中閔、喬陵（呂俊德）、洛宇（陳玉慧）、趙衛民、渡也、林建助、晚華（黃建業）、王希成、劉克襄、洪文慶、慕航（李瑞騰）、李銘展、張瓊文、藺德、張伯章、祝農、悄翎、陳容和我。

我記得祝老師拿到我送去的這份詩報時，有感而發的說：「這好像我們當年辦《藍星》的感覺啊。」的確，祝老師早在我出生前一年（一九五四），就和夏菁、鄧禹平、覃子豪、鍾鼎文等人發起成立藍星詩社，一九五五年又擔任當時唯一報紙型的文藝論評週報《文藝論壇》總編輯，他的筆名司徒衛早在當時就已經響噹噹了，《華岡冬季抒情詩展》會勾起他的回憶，也是很自然的事。

一九七七年四月，我自費出版第一本詩集《銀杏的仰望》，親手送給老師，他很高興，讀後還寫了一封信給我，大意是「看到你終於出了詩集，為你高興，還記得你來上我的課時才剛開始發表，如今有這個成績，要珍惜，要繼續。」可惜這封信已淹沒在我書房中，一時找不出來，但老師的鼓勵於我就是最大的動力，銘記至今。

畢業後我入伍服役，退伍前收到天視出版公司寄來《當代中國新文學大系》的邀稿函，說我的詩作〈銀杏的仰望〉、〈小站〉、〈獨酌〉、〈山月〉選入瘂弦主編的詩卷，徵求我的同意，上頭有總召集人祝老師寫的幾行字，恭喜之外要我記得回函。我在軍中收到這封邀稿函時，想到一路以來祝老師對我的栽培，禁不住眼眶溼潤。

我退伍後來臺北工作，有時也會跟老師聯繫，但總是匆匆見面，一九八〇年秋天吧，老師告訴我，他鼓吹學校創辦一份類似臺大《中外文學》的《文學時代》雙月刊，已獲得學校同意，將交由魏偉琦主編，希望我也能供稿，我當然義不容辭。再其後，一九八二年六月，我應《自立晚報》聘，擔任副刊主編，打電話給老師告知我接了他的棒子，電話中他很高興，告訴我報社的規矩之外，一樣勉勵我要承擔，不用害怕，相信我會做得好。想到我讀華岡時，祝老師主編《自立副刊》，刊登我的詩、接手「華岡詩展」，而今接他的棒子，就更加戰戰兢兢了。

到了一九八三年，祝老師又來電話，說他幫學校出版部構想一套書，名為《七十年代作家創作選》，由魏偉琦總主編，預計出版四冊，分別是小說、散文、報導文學和詩各一冊，小說卷請歐宗智編、散文卷請趙衛民編、報導文學卷請李昂編、詩卷希望我來編，面對恩師，我無可推卸就答應了。

祝老師構想這四冊很有編輯人的眼光，即使到今天，這四冊依然是了解一九八〇年代臺灣文學創作走向和面貌重要的選集；編選人都是華岡出身的作家，也能凸顯文化大學作為臺灣文學戰後世代作家搖籃的特色。

遺憾的是，由於臺灣報業發展的改變，一九八七年為因應報禁解除，我的工作由副刊主編調為報社總編輯，主掌新聞事務，逐漸地和文壇的來往減少，與老師的聯繫也漸少。最後和老師見到的一面，是一九八七年春末，在杭州南路的郵局，我們同時去寄信件。老師告訴我，他退休了，就要去美國依親，知道我工作忙，要我多保重。當時再見到老師是何等高興，想不到這一別，竟成永別。

老師赴美後仍繼續專欄寫作，在聯副、華副，都可看到他雋永的小品、雜文。但從我擔任報社總編輯之後，工作型態和時間都極度壓縮，接著《自立晚報》結束營業，我進入學院，從學術底層重新人生的生涯，直到二〇〇三年五月才終於取得政大新聞博士學位，等謀得教職，想要聯繫老師時，方才得知這年十月二十七日他已在紐約寓所辭世」。

我與祝老師有緣，可惜緣淺。在老師辭世二十年後，追思與他的師生之緣，最深的都在大學到初入社會的十年間，從一九七四年旁聽他的詩選，到一九八三年應他的囑咐編選《七十年代作家創作選・詩卷》，大約十年間，都環繞在「詩」這個字上面。我感念他在我初初踏入詩壇時，無論是理論或創作給我的教育和鼓勵；感念他作為詩壇前輩、編輯前輩，在我主持華岡詩社和主編《自立副刊》初期給予我的指引和打氣。老師曾在一篇文章中談到書評人的應有的能力：「一個書評作者的觀察力、分析力、判斷力及對於書本中一切善良的幽微深祕的精神底親和力，全賴他才智、學識、修養等的鍛鍊與孕育。」在我來看，他都全部擁有也都做到了。感謝他，在我成長的人生階段，用身教讓我學習，如何做一個持平而不激進的人，做一個謙和而不矯飾的人。

# 詩的尋求——夸父追日

趙衛民

高中時受教於曾任《藍星詩刊》主編的詩人王憲陽老師，他曾帶我去中國書城，介紹余光中的詩集和散文。我在當時即已開始搜集新詩和散文，包括葉珊（後來的楊牧）、鄭愁予、瘂弦、洛夫等等，其實見到新詩即收。在一篇歌頌英雄拿破崙的文章（國文科作文）中我寫道：「在英雄拿破崙被囚於聖赫勒拿島和厄爾巴島的放逐歲月中，一抹荒煙與淒涼將自山岫升起，遮掩起峰巒蓊蓊鬱鬱的生意。」憲陽師在文後批道：「讀趙衛民的文章是悅心的事，希望你的文才可以延長到大學裡去。」我高二時即喜讀李商隱的詩和李後主的詞。

好像注定走上詩路，那麼考上文藝組，就成為我精神上的奇遇。我大一時的國文作文，已是余（余光中）派散文。祝豐老師高大英挺，溫文儒雅，擔任大二時的「詩選」課程，真詩人也。他用的教科書是正中書局劉太希選注的《詩選注》。此書的編選自漢魏晉南北朝唐宋以下，故而首從漢朝的〈古詩十九首〉開始教起。他西裝革履，教書一絲不苟，引領我們進入古詩的太虛幻境；有時陽明山海拔五百公尺高的一朵浮雲，就這樣飄進了教室。在感受上的廣度、深度，甚至高度，確實使我們走入古詩的殿堂。有古今如一的感受，正如桑塔耶那（George Santayana, 1863-1952）說：「經驗美學優於理論美學。」我當時用鋼筆記筆記，速度不快，記下來的只能是「點評」。

例如〈古詩十九首・其一〉：「行行重行行，與君生別離。相去萬餘里，各在天一涯。」祝老師說：「行路的寂寞單調以及雙聲的漫長，都造成了很深的感受。會面的遙不可知，空間的隔絕無法超越，都造成壓抑感。雖然天遠相隔，仍意會到對方的存在各在天一方。」我無法盡錄。另一首如曹操〈短歌行〉：「對酒當歌，人生幾何？譬如朝露，去日苦多。」祝老師說：「曹操的古詩有一種特殊的風格，由於古詩樸素，而曹詩往往由沉鬱轉為雄渾。詩中的層次由慷慨到憂思，都由激動轉為陰鬱！」所以在《三國演義》中讀曹操之「奸」，而在曹詩中讀其「雄」。

分析李白的〈將進酒〉：「君不見黃河之水天上來，奔流到海不復回。君不見高堂明鏡悲白髮，朝如青絲暮成雪。人生得意須盡歡，莫使金樽空對月。」祝老師說：「『君不見』的句子用來似乎與讀者交談，打破讀者與作者的藩籬，造成親切的感覺，如徐志摩的『看！那朝來水溶溶的大道。』頭句的『奔』字將黃河之水『擬人化』，使我們有遙遠的，一去不回的感覺，而它也實際使人感到時間如水流一樣的奔騰而不復回。」〈將進酒〉中：「鐘鼓饌玉不足貴，但願長醉不用醒；古來聖賢皆寂寞，惟有飲者留其名。」祝老師評論：「在歡樂的底層有深刻思想的蘊藉，因為他能看透『古來聖賢皆寂寞』。因此他要長歡，『但願長醉不用醒』：以免見到生之悲哀，乃是要解除寂寞。把握情緒的起伏再加上文字的技巧，才能句意顯明而且美！」

另外在李白的〈夢遊天姥吟留別〉一首長詩中，老師說：「『連天』形容山高，『向天橫』形容山的廣度，顯示天姥山絕壯，形勢籠罩五嶽。把瀛洲與天姥相比，亦顯出天姥之難得。況瀛洲飄渺難求，而天姥尚或可睹一樣，可以寄託心懷。到了第二段，由現實轉入夢境之美，同時他寫謝靈運，代表他對前輩詩人謝靈運的嚮往。到了『熊咆龍吟殷巖泉』，忽然造成燈光的效果，奇厲的氣氛。『雲青青兮欲雨，水澹澹兮生煙』，造成夢境中的雲煙和夢境的渺茫，似有許多奇幻。『青冥』狀洞的顏色，廣大幽暗、深不可測；然後『金銀臺』是多燦爛的想像。古人登高懷古，每多悵惘。首言仙山瀛洲或有微意，『向來之煙霞』把夢中之幻寫真。」

另外講杜甫〈古柏行〉長詩：「詩的意象由明喻→隱喻→象徵→神話，其中象徵比隱喻具體，往往與實物相連。杜甫詩較為寫實，但拿古柏擴大象徵古代所有的忠臣烈士。第一句無意間指出古柏存在的空間，而又將古柏與孔明發生關聯。『柯如青銅根如石』，銅與石表其剛，青銅亦可狀其顏色。『霜皮』將古柏之古，歷經風霜，經過長期的風吹雨打表現出來。『雲來氣接巫峽長，月出寒通雪山白』，不但肯定古柏在大自然中的地位，而且彷彿參天地造化，給人想像的趣味。何況『氣』字、『長』字、『寒』字、『白』字，給人在人格上的聯想。『君臣』一句顯出其在人間的地位。『崔嵬』一句不但寫景，亦寫歷史的滄桑之感，崔嵬枝幹，彷彿其精神猶存。」

杜甫的〈兵車行〉長詩：「車轔轔馬蕭蕭，行人弓箭各在腰。爺娘妻子走相送，塵埃不見咸陽橋。牽衣頓足攔道哭，哭聲直上干雲霄。」老師講評：「『轔轔』、『蕭蕭』俱為擬聲字；在節奏上，兩個疊字在一起，不但狀聲，且狀場景匆忙，此種字不須用得多。行人雖表行將出征的人，而更強調百姓為兵的苦痛。『爺娘妻子走相送』：表示家族感情之深，復表示此去可能一去不返；有送葬之意，頻走頻送。『塵埃』表示人多，牽衣、頓足、攔道全出自一種情感的衝動與依依不捨，而全歸結到『哭』字，且其聲之大，直干雲霄。這首反戰詩，站在民生疾苦的立場，對窮兵黷武表達埋怨。」

至於白居易〈長恨歌〉，祝老師說：「『梨花一枝春帶雨』不但形容貴妃的寂寞淒涼，並還帶形容其性感，拿白色的梨花形容其淒涼，『春帶雨』似其淚痕。〈琵琶行〉敘述描寫得較少，〈長恨歌〉則按故事的情節發展，並沒有〈琵琶行〉的倒敘法。〈長恨歌〉前二句說明主角的身份（漢皇）及其『重色』，楊貴妃的麗質難以自棄，則其虛榮心及愛好榮華富貴皆已闡明。主角二人，在『一朝選在君王側』，聯合『一笑百媚生』和『寂寞淚闌干』的對比非常強烈；『六宮粉黛無顏色』和『宛轉娥眉馬前死』更是強烈。『侍兒扶起嬌無力』，狀貴妃柔弱姣美；『從此君王不早朝』，除敘述外亦含有強烈的批評。『玉樓宴罷醉和春』是何等風光，而後來的『西宮南內多秋草』、『落葉滿階紅不掃』又何等淒涼。『花鈿委地無人收，翠翹金雀玉搔頭』符合藝術的原則，而且寫得很美。」白居易另一首長詩〈琵琶行並序〉，我記錄得更為詳細。

費事鈔錄，因這才代表祝老師一生志業；當時如能出版專書，應該也頗令人矚目。他在學年結束時，曾講述瘂弦的〈小丑〉和自己的詩作，大致還是抒情進路。至少自大二起，在他的潛移默化中，我配合著閱讀《迦陵談詩》、《迦陵談詞》及《杜詩鏡詮》、文學批評等等。另外他也教授文學概論，將古典主義與浪漫主義有很清楚的概念對列，我也曾將他的筆記抄到文學理論的書上去對照看，大體上是忠於柏拉圖、亞里斯多德的理論的。在當時所盛行的英美新批評的氛圍中，已使我完成了抒情傳統的裝備。

我大三時年少輕狂，有些議論居然傳到他耳裡，特找我聊天。他說他年輕時也曾是「流亡學生」，他當時五十五歲，他民國十年生。烽火離亂，見多識廣，多有深沉收斂的蘊藉，他當時除教職外，主編《自立晚報》副刊，他與詩壇大老鍾鼎文有交情，故《藍星詩刊》創辦後，他也常與鍾鼎文聯袂與會，直至鍾鼎文一年後退出藍星詩社為止。大三時也曾把我詩稿送穆中南

《文壇》發表，他與擔任《聯合報》副社長的楊子是同學，他曾說三〇年代中國通貨膨脹時與楊子在上海喝咖啡，叫咖啡時是多少錢，結賬時膨脹了一倍。他後來離開《自立晚報》後，也應邀在聯合報系的《中國論壇》擔任總編輯，也在《聯合報》副刊撰寫專欄「靜觀散記」。他的老友還包含外文系教授何欣，甚至他與瘂弦還合編過現代文學大系。

他眼角常帶眼油，似是睡眠不足，但也像帶有淚眼的憂鬱君子。他死後我方知師母生前長年臥病，需要照顧，備極辛勞。他與學姊魏偉琦的婚姻，亂世後得遇佳人的師生戀，本是文壇佳話；後來分手，只是一個痛字，就分不清陽明山的大雨滂沱是雨還是淚了。我後來受趙滋蕃老師的影響，碩士時治尼采哲學；更因海德格晚期曾以十年工夫出《尼采書》四大卷，在博士時治海德格哲學。博士以後，唸後結構主義德勒茲、德希達等的哲學。把夜讀的時間作為計時的沙漏，白天則是含在瞌睡裡的鄉愁；長夜漫漫三十餘年，我履行青年時的應許，夸父追日！我們隨身帶著從老師學來的工夫，而老師卻在我追日的過程中衰老。我讀書急如星火，計日程功，去彰化師大任教四年，也被家務所困。

大約民國八十四年，祝老師邀我及留洋的范銘如學妹到飯店吃飯，我付了賬。我看他有些背駝，關懷地問他，他說：「年老了就謙虛了。」過幾年范銘如教授竟費工夫將祝老師赴美前委託轉交給我的藏書託運至我淡江大學的研究室，我竟得以驚識何其芳與馮至。何其芳的《預言》、馮至的《十四行集》都是祝老師自大陸攜來臺灣的珍藏，用月曆紙仔細折疊保護。馮至三十歲獲德國海德堡大學博士，詩風受里爾克影響；我青年時代即耽讀里爾克詩，此書如遇故交，確是傑作。以前馮至詩只是別人的介紹，零星印象過眼，何其芳詩更是前所未見，也是傑作。離大學的「詩選」課，已是二十五年後，在他晚年的時候完成了對我新詩部分的教學。

老師薪盡，我們帶著他的工夫追日，未曾停留下來關注他的晚年。綿延的是傳火的任務。

# 他依然閃著光——懷念祝豐老師

毛瓊英

## 寫在前面

在得知受邀撰寫懷念祝豐老師的散文時，感覺榮幸之至，立馬就答應下來。但是等到認真坐在電腦前思考該如何下筆的此刻，惶恐之感也火速湧出。主因是時間遙遠，算來那已是四十餘年前的往事了，個人因旅居國外多年後再搬回臺灣，每年又有一段時間回美探親。幾次的搬遷遺失了不少珍貴的日記、信件等記錄，目前我手上已無和祝老師聯繫的相關資料，若沒有這些輔佐，能夠完成這項工作嗎？眼下只能全憑記憶了。然而記憶豈是可靠？自己的記性不好，若不能準確地還原與祝老師當年互動的真貌，這不但對老師及後人的不敬，更是我自身的缺失與遺憾，如此種種都讓我遲疑再三！當然，既已允諾的事必須完成，我就不揣淺陋，讓老師再從記憶中出場。因為所描述的都是自身經歷，出於個人記憶，如果涉及的人事物有所錯誤，還請各方見諒不吝指正。

記得大二時初上祝老師的詩選，老師在臺上風度翩翩，敘事娓娓道來，給人的感覺是從古書裡走出來的人物，叫學子景仰。可惜我自小害怕與師長接觸，上課時又常被窗外的華岡美景吸走，下課後便沒問題請教師長，與老師的互動幾乎是零。回顧起來應該是自信心欠缺的表現，以至在臥虎藏龍的同儕中我顯得毫不起眼。真正和祝老師有交集是他那次在課堂上的表白之後。

記得那回祝老師發表了向大家告別的說話。大意是他和我們的魏學姊（也是當時系上的助教）相愛而決定結合，所以他將辭去所教的課程以示負責到底。當時班上同學的反應我不了解也沒和任何人討論過，我推測在當時因為不被外界認可，學姊家人的態度可能也是主因，為著觀感問題，老師毅然下此決定。我當時對老師即將面臨的人生挑戰根本懵懂無知，只覺得老師能跨越重重藩籬，包括年齡的差距、師生的界線（在近半世紀前是多麼前衛和勇敢），能如此堅定地選擇所愛且在學生面前公開承認，並為此完全負責，老師的浪漫可不是一般的，這樣的道德勇氣和對愛情的一無反顧讓我敬佩且深受感動。

於是也不知哪來的勇氣，回家後我立即振筆疾書，寫了一封信給祝老師，表達我的尊敬和支持之意。日後聽老師告知，我是第一個這樣對他表示支持的人，也許是這樣，我便從這裡開始和祝老師建立了長久的師生情。對自小畏懼權威、與師長保持距離的我而言，無疑是邁開了一大步。後來我得知祝老師過世的妻子原是他表妹，常年多病臥床，全靠祝老師父兼母職把孩子帶大，又在病榻前侍奉湯藥，多年的婚姻生活是如此過來的。現在老師終於盼來了自己的幸福，贏得美眷，能放膽地去掌握未來，我真為老師高興。

此後我開始和祝老師藉著多次的聊天，把自己不成熟的想法、對人世間的觀察表達出來。雖然我的資質一般，但仰賴祝老師的鼓勵和指引，便慢慢往小說創作之路前進。

祝老師鼓勵我除了閱覽中國古典作品之外，還應該多從世界名著中找尋靈感。他怕我一下子消化不了太多，又建議至少可先看一些名著簡介，知道大文豪們是如何藉人物和情節傳達主題和視角的，也許是世間情愛、國仇家恨、是人性在現實環境下的暴露與考驗、是生命本身的糾結和無奈……。就這樣，我得到許多的啟發，塗鴉的筆在六百字稿紙上一個字一個字的琢磨著，就這麼從散文、短篇小說嘗試到長篇小說創作，陸續刊登在老師擔任主編的《自立晚報》副刊和其他報章上。

記得第一次依照寫作大綱嘗試寫長篇小說，預計寫十萬字，但是只先寫了兩、三萬字交給老師過目，老師看過後告知會擇日連載，那時是大四下學期，我心裡興奮得無以復加，可是立即面臨了壓力，小說只開了頭，後續的鋪陳、人物的安排和衝突、章節的段落與節奏、高潮轉折的掌握……豈是易事？畢業在即，面臨求職的現實問題，還要在高壓下趕稿、交稿直到完成，不能有閃失、開天窗，這背後是老師無比的信任提攜和自己對文字的承諾堅持，我自問做得來嗎？說實話，自己從未有這樣的經驗，幸好有老師從旁加油打氣，自己則握緊了拳頭，就趕鴨子上架了。

長篇小說終於順利連載完畢，後來還編輯成書了，感謝祝老師的一路鼓勵，從一九七八年文藝組畢業到一九八五年夏天出國前，和皇冠出版公司簽約出版三本長篇小說和一本短篇散文集，這一切都源於老師在最初的厚愛和指導，每思及此，感念之心油然而生。

時光列車從不停留，我的人生角色也從少不更事的學生到為人妻、為人母了。在和先生交往期間，曾特別帶他去給老師察看，當時約在西餐廳裡見面，老師對我們祝福有加，當然也有許多勉勵。事後聽學妹說起老師很滿意我的男友，於是我們每次見面，外子大都應邀一起參加，老師會分享他的生活瑣事，我們也會報告最新近況。從此我們亦師亦友，說句托大的話，很有忘年之交的味道。

我們和祝老師相約人都在西餐廳，幾乎沒有與他和魏學姊單獨碰面的記憶。有次我去華岡宿舍拜望史紫忱老師，聽說魏學姊有千載難逢的出國機會。祝老師告知史老師秉持著愛與成人之美的想法，說自己寧願天天吃便當，也會讓妻子完成夢想，期待她學成歸國，未來生涯能更上一層樓。史老師卻期期以為不可，說是吃便當短時間可以，但誰知何時可到頭？史老師以玩笑口吻還說了不少，我已難以還原，總之是不看好祝老師的決定。我當時人生閱歷尚淺，只能在一旁聆聽。就這樣，不久聽到魏學姊展翅高飛到耶魯大學訪學去了。

此事過去可能有大半年或一年之久，我接到祝老師邀約見面的電話，便和外子一起赴約，在餐廳裡祝老師談起這段期間的種種遭遇，實在讓人心碎。老師告知妻子剛去美國時還頻頻來信，訴說別後相思。後來信件逐漸減少，直到老師在這年的雙十節前後，突然學姊告知人已在桃園機場了。兩人見面後學姊表示在耶魯認識了別人，要求離婚，她之後會定居美國不再返臺，老師居然都照學姊的要求辦理了。難以想像一心捨己犧牲的老師究竟獨自面對了什麼，如何走過無盡的漫漫長夜？這個婚姻帶來的痛苦更甚於先前。我們替老師感到不平和哀傷，但是老師告訴我們的時候心情已然平靜，事後細想並易地而處，這樣的打擊是何等殘酷，老師的心胸又是何其寬厚，能梳理自己之後繼續雲淡風輕的度日，個中的轉折、滋味非外人所能道。

之後我也隨外子出國深造，臨行前帶著還是嬰兒的老大再去華岡看老師，老師特意擺了一桌酒席宴請我們。席間和大家舉杯祝福，他仍是當年講臺上風度翩翩的祝老師。雖然歷經人生的風浪和波折，但老師實踐了中國傳統寧可人負我、不可我負人的哲學，還給冷冷歲月的依舊是臉上溫柔敦厚的笑容。

祝老師後來到美國紐約和兒子居住一段日子，我們中間有書信往來，也通過幾次電話，他出版的新書都親筆簽名郵寄給我。我和外子幾次邀請他來我們所在的大學城小住，他的答覆讓我知道機會不大。再過了幾年得知他身體不適要回臺灣看診。我正好也計畫返臺，就告訴他我想去他臺北的家看他，也可陪同他去醫院看病，但都被他禮貌的婉謝了。

這以後我們漸漸失了聯繫，我寄去的信如同石沉大海，撥的電話也不通了。大家在生活的軌道中被推著往前奔馳，我竟不知祝老師於何時消失在我的生活裡，甚至我們曾經的對話、一起相處的亮點也隨著時光飛逝而逐日模糊。再後來，得知祝老師已經仙逝，愧疚自己錯失見他最後一面、送他最後一程的機會。但是直到今日，大二那年祝老師在課堂上告訴我們他決心追求幸福的風采依然閃著光，他對我的影響和提攜永遠是我生命的養分。深信老師對家人、學生、許多後進、同輩朋友……的影響亦是深遠。

每個人的人生都有高光華美的時刻，都為著自己追求的信仰、價值全力以赴，無論結果為何，過程必是真實動人的，這也正是人生的百味，被真實且深刻的活過了，或許這對祝老師而言已經足夠。

# 再當一次老師的學生

李宗慈

祝豐老師是我「詩選」及「文學批評」兩門課的老師。

老師上課，總是一進教室就拿起粉筆在黑板上寫下密密麻麻的參考書單，接著寫下當天上課內容的註釋、重點或小引。寫滿整個黑板的筆記，字體不大卻工整，直覺裡就像他的人，穿著筆挺深色的西裝外套，瘦高挺拔的身形，深度厚實的鏡片，是有著不苟言笑卻認真、敦厚教學風采的老師。

我，算不得是好學生，在校時不習慣也沒有機會和老師們私下請教，更鮮少參加社團，原因無他，每天往來學校、家裡總共四小時的通勤車程，讓時間總在疲累與奔波中流逝。只有老師寫的參考書單，成為除了各科老師課堂用書外，我積累藏書的方向，當然也是富養我不斷進步的基石。

但是，我們竟然在重慶南路上的馬哥波羅西餐廳，也偶爾在濟南路與杭州南路轉角處的櫻桃泡泡小店中碰面。那個書店二樓，那個二樓的泡泡沒有櫻桃的安靜的餐廳、小店中，因著多次見面、多次相談也多次開始「認識」我的老師祝豐先生。

不同於課堂上我個人覺得的疏冷，老師語音溫柔的談著藝文圈裡的各項新故事，也或許談著作家們的傳言、掌故。時間流轉中竟然驚訝地發現自己可以和老師同步熟悉著文化界的家常，學習著不停歇的人生風景，而老師每每在說及文壇軼事或論及作家作品時，眼鏡下透在鏡片裡安裝的是無比亢奮且各異其趣的神采。

老師習慣地關心問著讀書、工作、生活，後來也談及孩子。這才知道感受到，課堂上的老師是老師，課堂外的老師是溫文儒雅令人敬崇的長者。我們習慣點著牛排，老師牙口不好，我總會先行幫老師切好牛排，一小口一小口的方便入口咀嚼；也經常帶著一包半斤裝唯豐肉鬆，方便老師回家後可以就飯就麵或麵包、吐司。喝咖啡更是我們共同的嗜好，但似乎都僅止於「喝」咖啡，無所謂「品」，但光是在咖啡香裡醞釀出的感情，卻除了「老師」外也如同摯友、父輩。

一次老師問及可以參加政黨活動。我訝異除了文學，老師在家國、社會的關注與用力，只可惜雖然也關心但我卻沒有參與的動力。老師敞開話題談著時勢也說起國內的政黨政治，絕對聽眾的我已經不是教室中低頭筆記，總喜歡鑽縫找機會向老師提問。問，當年中文系文學、文藝的論戰，也間或問當年的鄉土論戰，像曾經成為議題的大學文學教育。老師沒有正面回答，要我在漸成一格的現代文學史中繼續追讀。

老師也喜歡瞭解同學的近況。其實老師並不都熟識他們，除了出書也教學的班代歐宗智外，其他如當年經常翹課後來曾經在《天下雜誌》工作又出書的蕭蔓，也說到出了暢銷書《流氓治國》的黃寶蓮，還有其他幾位在學校任教的同學、當圖書館館長的同學，還有我這個當編輯也寫寫採訪文稿的學生。老師總是仔細地聽著，像回憶也像在想像著這些學生在校的模樣。

一回，我們相約談編輯的事，也談採訪書寫。老師不厭其煩地先說起報社編輯生活，談當年的出版編輯工作，也談拼命伏案寫稿、往返教課時的生活，感覺才說著就已經滑過晚餐時間，而且充滿老編話古的況味。曾經走過鋼板刻字、油墨印刷、鉛字排版、電腦打字排版以及跑印刷廠的經驗，老師笑了，看著我很有孺子可教的鼓勵。後來翻及《群星的天宇》這本民國六十六年十一月由文藝組文藝學社出版的書，讀到老師的〈論書評〉，其中書評的認識、書評的寫作、書評的使命三個單元，正像老師不疾不徐的教學，所謂文如其人，構成了老師教學上的周延與奧妙。老師又鼓勵著我寫寫看，說起書評與文學批評的兩樣情，可我不才，沒能在老師的教導與期望下努力。

那天黃昏，初冬暮色的氣溫低，天也黑得早，我說先送老師上車回家，自己再騎小五十摩托車回去。老師聽了，竟開口執意要我載他一程。

拗不過老師說：「試試。沒問題。」卻更像是老師說：「寫寫看。沒問題。」

硬著頭皮，小心翼翼扶著讓老師在小五十後座坐上，再戰戰兢兢騎向成功中學老師的宿舍，當老師背影平穩地踱步到宿舍門口，才赫然發現自己早已又僵又緊又硬的雙手。是那樣的驚心，在每過一個十字路口的紅綠燈；是緩緩行過每段街衢後不自覺的舒氣；是騎乘背後老師的肯定、信任。

學生時，我不是個與老師們相熟的學生，但卻在畢業步入社會後，在老師平靜簡遠的退休生活中，有機會再當一次老師的學生。再當老師的學生，承受老師簡易平淡，飽含智慧與關懷的延伸。老師啊，老師！是這樣承載豐饒的師生情，在每個教師節時隱隱然想念！

# 畢業後開始的師生情誼

范銘如

大學時期祝豐老師對我的印象應該很差，他沒錯怪我。大學階段的我，論翹課算得上名列前茅，祝老師雖是我們的班導、四年間前後修過幾門他開設的必修和選修課程，翹起他的課我一點也沒在客氣。祝老師的課，內容扎實，主題和進度也都條理井然，可是也不到振聾發聵或新穎趣味的程度，加上老師講授聲調平淡悠緩，冬天早上的時段要去上課還真是天人交戰。同班同學對祝老師的評價很高，很多人常常去找老師諮商大小事，我因為心虛，總是避之唯恐不及。快畢業的時候，因為想申請去美國深造，需要推薦信，只好涎皮厚顏請求老師協助。一開始老師板著臉問我未來的規劃，聊著聊著，大概發覺我還是有認真在讀書的，臉色漸漸緩和下來；我也發現老師私下十分親切幽默，大起膽子談天說地。一席話拉近我們四年間的距離，從此，我們師生一直保持著聯繫。

去美國唸書以後，偶爾會跟老師寫個卡片報告近況，回國找工作時也承蒙老師指點。工作穩定以後，每隔一段時間總會問候老師或是一起吃飯聊聊，陪同的還有大學死黨侯文燕。她跟祝老師的情誼更傳奇。大學時她翹課翹得比我還凶，應該也是老師們眼中的問題學生。快畢業的時候，有一天她上了公車，瞄到了祝老師，心裡一陣驚慌，掙扎著應該裝沒看到閃人，還是去打招呼。遲疑了一下，畢竟良心未泯，過去恭恭敬敬地問候了老師。老師就開始問起她畢業的打算，她說希望能去出版業，兩個人就閒聊了一段車程。幾天後，祝老師突然托同學找她，說某家雜誌社在徵人，叫她過去面試。她就這樣天外飛來一份理想的工作，然後又因為那份工作被招募去連環泡節目擔任編劇，寫出紅極一時的中國電視史。即使她在娛樂圈早已是極具影響力的大紅人，對祝老師始終抱持著感念，認為是影響她一生的貴人。尤其年紀越長，我們越感謝老師，沒有以課堂上的表現評價我們，願意相信並關懷我們這兩個壞學生。而且老師即使是退休後跟我們聚餐，總是以長者的身分堅持買單。我沒辦法回饋給老師的，只能儘量以老師的身教言教為典範，回饋給我的學生。

我到淡江工作幾年後，有一天老師打電話找我，說他準備去美國長居了。這是預想得到的事，老師獨居臺北多年，近些年視力每況愈下，出入走動頗令人擔心，他的公子早就催他去美國同住，老師硬撐了好一陣子了。預想不到的是，老師說他一屋子的書想留給我，要我找時間去拿公寓鑰匙。我受寵若驚，覺得擔待不起，問他是否捐給文化大學的圖書館？老師堅決表示他不要捐給文化。老師赴美之後，我依約去整理他的藏書。老師的書，整整齊齊地羅列在書櫃裡，而且大多數包上了透明書套。從書良好的保存狀況就知道老師愛書、細心的個性，然而面對一屋子的書，我心裡暗暗叫苦，因為家裡窄仄的空間早已經擠滿了書，學校的研究室也不大，再容納不下幾千本藏書。文藝組的學長趙衛民剛好也是淡江同事，聽說了我的苦惱後慷慨地提供他的研究室當書庫。我自己保留了幾本研究上直接需要和有紀念意義的書，包括祝老師的兩本重要著作，《書評集》和《書評續集》。再過幾年，連學長的研究室也爆滿了，老師的藏書最終捐給淡江圖書館典藏。

老師曾經以司徒衛為筆名寫過書評，這是學生時代就曾聽過的事，但當年連五〇年代的文學都興趣缺缺了，怎麼會有興致去圖書館裡翻出書評拜讀呢。老師書房裡的這兩本，應該也是他手邊僅有的兩冊了。《書評集》是一九五四年由中央文物供應社出版，封面有些破損，書脊已經用透明膠帶黏貼補強過了。九十頁的小書裡評論了二十四本新書，小說、散文、詩和文藝論著都有。《書評續集》一九六〇年由幼獅書店出版，一五二頁，第一部分評論了一九五四年至一九五七的二十六本新書還有兩本合輯，第二部分則是五篇文藝評論，書況良好。以現在的觀點看來，除了那個年代濃厚的憂國憂民時代情懷有點掃興，老師對文學審美的品味和賞析是經得起時間的檢驗的。他不吝於稱讚作家的優點，該說的缺點也沒放過。比如他評朱西甯《大火炬的愛》，讚許他著力於人物性格和心理刻畫，卻疏於提供環境脈絡，口語運用純熟靈活，但捨不得擯棄過度書卷氣的詞彙。讚美張愛玲《秧歌》不從正面刻板的方式控訴共產暴政，反而從日常和人物心理側寫出農村的愁慘，更讚許張愛玲的創作才能將西洋文學和中國舊小說優美地鎔鑄一爐，但也惋惜書中時間性模糊，美化了農村意象，削弱了能突顯其時代意義的寫實性。

認真拜讀老師的著作後，有時忍不住懊悔小時候為什麼不認真讀書。然而彼時老師已經去美國了，偶爾打電話回來，總是忙著交換近況或是詢問同學們的發展。我不好意思讓老師多花越洋電話費，學術話題頂多淺談輒止，也忘了到底有沒有向老師稟告過我後來也寫起了書評。自己懂得寫書評的甘苦後，不免為老師被低估的文學貢獻有些抱屈。如果要研究一九五〇年代臺灣的文藝批評，而且是非官方的觀點，《書評集》和《書評續集》絕對是兩大代表作。可惜，五〇年代文學始終是冷門研究，遑論難度更高的評論研究。對於世態，祝老師應該早就了然於胸吧。儘管在可預見的未來裡，書評（史）仍然不會被重視，只要我繼續寫，也算得上不負教誨、克紹箕裘了吧。

# 記祝豐老師

周昭翡

想起祝豐老師，浮現的是他課堂上寫板書的身影，挺拔如大樹。課堂上的老師看來嚴肅不苟言笑，但私下去拜訪他時，卻如沐春風般的溫暖，他關切著學生的生活、感情與學習上的一切。

一九八五年我在文化大中文系文藝創作組就讀，選修了祝豐老師的散文課。系上有多位文學創作上的名師，祝老師是其一。開學前面兩週，老師沒有出現，才得知他因白內障手術，還無法來授課。我隨著學長、同學到他住處探望，這是我首次見到老師。記得那天的話題圍繞在白內障的症狀與治療，當時這手術不像如今這麼先進，醫治過程聽來十分折騰，我聽得糊塗，畢竟年輕的我們，離疾病還遙遠。但看出老師為眼疾所苦，也因此明顯感到老師身體狀況不佳。儘管如此，老師來上課時，還是條理分明地講滿每一堂課。

老師的散文課十分嚴謹，對其發展、評論、舉例等，都有清晰解說，凝聚了散文其「散」，讓初學文學的學子逐漸把握如何從這一最普遍被閱讀的文類中欣賞並了解文章。但仍提醒我們，創作的不拘一格與打破陳規的重要。這些都體現在老師自己的散文創作中。他以「司徒衛」為筆名的「靜觀散記」專欄，在九〇年代膾炙人口，吸引不少讀者。

我從學校畢業後的幾年間跟老師保持著聯繫，正好有機緣對老師進行一次訪問。該訪問是為《自由青年》雜誌由我執筆的「學人訪談」系列所寫，後來結集成《開拓人文視野》（一九九一年十月，業強出版社）一書。

老師的文章，有諸多令我至今印象深刻的篇章。如〈信〉這篇，記述的是曾作為第一夫人的蔣方良女士與在前蘇聯的好友，分離五十五年後首度通信的故事。刻劃了冷戰時代下珍貴的情誼。看前人的好書信正因其用「心」

所寫，現代人不寫信，可能難得真情流露了。又如〈孔子過教師節〉這篇，從孔子看政治、看人情世態，到如今教育現狀，包括慶祝教師節儀式等，以孔子的眼光看教師節，既幽默又諷刺，不僅描述現象、點出問題，又讓人讀之莞爾。

隔了三十多年後再看祝老師這些精鍊的散文，具體反映了年代背景，又發現仍與當下社會所見種種現狀相互呼應、並不違和，再度證明好作品終究能夠穿越時空限制，帶給讀者永恆而深度的啟發。

如今重看自己當年這篇採訪文字，不免感到有些稚嫩，但也保留了原汁原味老師親述的話語與內容，更想起老師在動盪的時代、孜孜不倦的求學歷程，對教學與創作的專注與投入，這一切都深深影響了我。

# 附錄

# 鄉情無限話如皋

司徒衛

如皋，這運河線上的縣城，幾世紀以來，帶著安謐寧靜的神情，矗立在蘇北肥沃的原野上。太平的歲月曾經久長的留駐在這裡。明代的倭寇為患，此地有過一陣騷擾；此外的兵荒馬亂，僅僅在地方上激起幾回微不足道的波瀾。直到對日抗戰發生，如皋在二十七年春間陷敵，重重的困厄與災難，才開始接踵地摧殘這塊幸福的土地。濱江臨海的地勢，及長期的處於太平，使它蘊藏著無比的富力；如皋成為全國人口最多的縣份，蘇北最富饒的地方。

「嚇，如皋嗎？金如皋銀南通哪！」如皋的富庶是出名的，於是就有一個可笑的傳說流傳了好久好廣；說從前京城裡有塊石碑，上面刻著全國縣份的名稱，獨獨缺少如皋；原來想作地方官的都嚮往這個好地方，大家的手指一直指著摸著這兩個字，石碑上的「如皋」就漸漸被磨平了。

## 平靜的鄉村

如皋靠公路與鄰縣和港口相交通；運河仍然是唯一水道。無論從陸地或水上旅行，可以縱目遠眺無際的田野，鋪展在爽朗的藍天下。隨著季節，大地上滿滿生長著稻、麥、棉花、大豆等農作物，到處是一片青蔥或金黃。原野的風是平和的，溫柔地吹送泥土的芬芳，以及鄉村安靜的氣氛。農家的瓦屋前、茅舍邊，常有梳辮子帶銀手鐲的鄉下姑娘出現，悠閑地在作女紅，或是和一群孩子閑逛。進城或上鎮市去的男人，穿著整整齊齊的青布大褂子；有時還規規矩矩地帶著頂呢帽，騎在一輛自行車上，泰然自若地踹著。

也許幾點鐘長途車的顛簸令你困倦了，塵土也飛滿了一身；也許小火輪上的擁擠與嘈雜使你夠受了；不然，便是坐在舒適而緩慢的航船上，聽欸乃的櫓聲，望雲天帆影，而落在一些古老的情趣裡。可是，你終於會望到一抹灰色城垣的影子漸漸地近了，城上的雉堞與鼓樓也清晰可見了，如皋城就到了。公路和河，都圍繞在城外；走出車站或船碼頭，進城去要經過一座吊橋，這橋在晚上常名副其實吊起來的。走進黑黝黝的城門，便跨入如皋古舊而樸素的城市生活裡了。

## 城市風光好

青石板的大街上，兩旁是鱗次櫛比的店鋪。在白天，這些店鋪的高大而深的門面，現出陳舊而陰暗的外貌。店夥們在閑空的時辰，常三三兩兩的伏在櫃臺上，有說有笑地等待顧客上門。熟識的客人來買東西，便先遞上一枝紙煙或是水煙袋。貨物是充實而花色繁多的；華洋百貨，南北雜貨，各地土產品；可以買到最新式最好的貨物，同時也會有快要成為古董的東西。這些卻有著一種和諧似的，懸掛或陳列在那些舊式店面的新式櫥窗裡。一到晚上，商店的電燈放光了，街上便較白天顯得更為熱鬧一點；人力車在熙熙攘攘的人群裡，擠進穿出。漂亮的公館包車響著一串鈴聲；和商店裡收音機或嘶啞的唱機聲，混成嘈雜的一片。菜館、戲場、澡堂等等，是城市夜生活的中心，此外，便是一些私人的宴會了。如皋人是好客的，外鄉人在當地人的晚宴上常可體會到這份溫情。一到十點過後便顯得寂寞了，商店和住戶都早早關上了門。大街小巷只有賣夜食的悠長而淒涼的叫買聲，和打著電筒匆匆而過的夜歸者。

如皋是冒襄（辟疆）的家鄉。這位明末名士的後裔，住在城內的冒家巷，而當年名聞一時的水繪園，卻早已蕩然無存。相傳園址在東門一帶近城牆處，如今只有幾塊園內的假山石，零落地躺在荒煙蔓草間，承受憑弔的眼光與多情的欷吁。距此不遠的雨香庵，是座佛寺，一說原是水繪園的一部分，但缺少可信的證據。雨香庵庭園優雅，樓閣映水，卻不失為遊憩的好處所。

城南，鄰近體育場有邱公祠，紀念明代在如皋抗倭的英雄邱陞。抗戰期內，如皋青年很多受教於新設的邱陞中學，發揚邱陞的精神。

## 願春天早來

抗戰勝利時，正是如皋陷匪之際。卅五年夏天，國軍與匪在如皋激戰的消息，遍載全國報紙。金如皋早已變成殘破襤褸的小城。三十六年初，我回到收復不久的故鄉，在一別十年的家園窗下，聽鄉間傳來的聲響砲聲，真說不出當時心頭的滋味如何。小住一月便又匆匆離去，記得在塵土飛揚的公路上，回頭一瞥那陰暗天色中殘破的灰色城垣，只覺得有盈眶的熱淚。如今，在海島的冬夜，燈下執筆寫如皋，時間又過去了近十年，我更說不出有何等的悵惘之情。我仰望星斗明滅的夜空，只願祖國的春天早點來，在凱歌聲中歸去，讓運河的水洗盡我無限的鄉愁。

原載《中國一周》第三〇五期，一九五六年二月二十七日

# 大學生活瑣憶

祝豐

讀大學的日子常被喻為人生的黃金時代。抗日戰爭期間，大學生們所經歷的，卻是一個鋼鐵時代。

這是值得永遠懷念，而且引以為傲的。因為在民族國家的苦難中，他們融合小我於大我，茹苦含辛，接受考驗，盡全力奮鬥創造。

## 視為寶貝的土紙書

民國三十年（一九四一）十二月八日太平洋戰爭爆發，日軍侵占上海租界；母校國立暨南大學遷往福建建陽。我和幾位同學取道杭州，冒險穿越敵人的封鎖線入閩。從此在後方，度過大部分的大學生活。在我們那個時代，大學生就讀的學校及地區雖有差異，所有的心態和發揮的精神，卻是大體相同的。

那時候，物資嚴重缺乏，書籍也成為稀少寶貴的東西。大後方出版的一些書報雜誌，用的是黃黑粗糙的土紙，字跡透到紙的另一面，變成模糊不清。紙質又鬆軟脆弱，經不起幾次翻閱就會破爛了。但是，如能擁有幾本這樣的書籍，便成為令人羨慕的對象。不是至親好友是不肯借閱的；而且在借書的同時，還一再叮嚀對方小心保管，如期歸還。白報紙的書籍難得一見；偶爾見到一兩本，也是戰前出版的。

當時暨大校長何炳松先生曾任商務印書館編譯所所長，在他金華故居藏有上萬冊的好書。他把書運來全部贈送給學校，真是一種極大的恩惠。我們看到圖書館裡，陡增了那麼多紙張光潔、印刷清晰、裝訂精美的書籍，那種如入寶山的興奮和喜悅，的確難以言傳。

教授們多自備一些教學用的參考書，往往是隨身攜帶著穿越火線或偷渡封鎖線的。老師們把編好的講義，在課堂上抄綱要、講解；同學們用灌著土製藍墨水的自來水筆，小心翼翼地在自製的簿本上記錄。在漫天烽火之際，我們多懷著虔敬的心情，在這樣簡陋的大學課堂，接受樸實的傳道跟講學。

## 朱熹大師的靈感

學校設在建陽的文廟。興建這座文廟的朱熹大師，當時似乎就獲得靈感，在這座山城建造了相當宏偉的廟宇，好讓近千年後的我們這座大學安身。大成殿變為禮堂；晚間掛著兩盞大汽油燈，又成為大自修室。兩廡間隔成一間間教室。有一部分教授宿舍就在教室後的一個院子內。

教授宿舍有木板門、紙糊的窗子，倒也素淨而別致。我們喜歡到一些熟識的教授家訪問。喜歡吸煙的教授，常隨手取一張小方紙，在上鋪些土煙絲，而後熟練地捲成一個喇叭筒；筒口湊在油燈上，另一端放在嘴上吸，就吞雲吐霧起來。他會和我們興致勃勃地談學問、講時事、論人生、說笑話……真令人感到如沐春風。

但教授宿舍裡的嚴肅氣氛，有時也不遜於課堂。記得有位同學寫了篇〈牧歌的誕生〉；得意洋洋地要我陪他去請一位教授批評。那位教授用他兩千多度的近視眼，在夜晚昏黃的油燈光下，仔細看了一遍。而後不憚煩地找出兩三本書，有英文及法文的；再一本本翻到有關「牧歌」的部分。他叫那同學坐得靠近他一點；然後認真而又親切地，一面指著那篇文章批評，一面指著那些書本上的解說作參考。這樣不厭其詳細地講評，足足兩個鐘頭。那位同學道過謝走了出來。他對我表示這番教導令他深深感動；同時掏出手帕來擦去額上沁出的汗水。

## 「打擺子」與「蒙面大俠」

當時由淪陷區來到後方的學生，由於家庭無法匯款接濟，全是公費生。

供給膳食，採用貸金制度。學生每月要在學校編製的貸金生名冊上蓋章。因此，通行「吃貸金飯」一語。

膳食由學生組織管理委員會，每月改選委員一次。限於經費，我們的伙食自然很差。所吃的糙米，僅去掉一層稻殼而已。最通常的菜是黃豆一碗，供一桌六人分享。早、中、晚三餐都如此。有時黃豆中加了些烏豆或筍丁，就覺得更有風味了。有錢的同學到「小食部」去，花幾塊錢買一片紅燒肉放在飯上，便頗有風光地慢慢享用。每逢月底膳委會的經費有結餘，便可以加菜幾次，供大家大「打牙祭」。

也許由於糙米飯和黃豆富有營養，也許由於年輕人本來精力旺盛；吃慣了「貸金飯」，大家倒是養得結結實實的。

那時候，我們常受瘧疾的侵害。一般叫瘧疾為「打擺子」。很少人沒有打過「擺子」的。發燒到三十九度以上，發冷到蓋幾床棉被還直抖；起初尚有「奎寧丸」可以治療；後來連「奎寧」也沒有，只有喝一種中藥材熬成的湯了。一場「擺子」打過後，無不面黃肌瘦。但病後吃了一星期左右的「貸金飯」，臉色也就會漸漸紅潤起來。

我們的宿舍是茅草頂的木板屋；一幢有六、七個房間。每間三張雙層床，住六個人。學生宿舍裡最大的特色是：每個人的書桌上，有盞油燈。兩根燈草浸在生桐油裡，點燃後發出昏紅的光。亮度自然有限；最令人苦惱的，是它會冒出縷縷濃煙。天花板上如十天半月不清理，就會懸掛著一條條黑色的煙灰絲。因此講衛生的同學，就用一塊布或一條手帕，蒙住口鼻，而將兩端在頭頸後打個結，成了「蒙面大俠」。

不少的「蒙面大俠」在這樣的桐油燈下，看書、整理筆記、撰文章或寫情書。同學中有好幾位以後成了學者、詩人、評論家，都是當時這樣蒙著面，在宿舍裡闖蕩江湖的。

## 跑警報期的信心

在浙贛戰爭爆發前後，日機常飛越建陽上空，去轟炸建甌機場。建陽每天清晨都施放疏散警報。我們也一早帶著飯，到附近山裡去躲避。但建陽只遭到敵機兩次投彈和掃射，沒有造成大損害。我們學校在上海真茹的校舍，已被炮火摧毀；在建陽卻安然無恙。

在這段跑警報時期，雖然相當辛苦，但我們在山野或防空洞內看書、聊天，倒也處之泰然。我們最關心的問題，是抗戰的前途；最有興趣的話題，是抗戰勝利後，各人的抱負如何實現。我們每個人無不同具一個堅定不移的信心：抗戰必獲最後勝利！

因為有此信心，我們不在乎物質生活的艱苦，而精神抖擻。

因為有此信心，我們同學之間才會親如手足，和衷共濟。

因為有此信心，我們經常懍於書生報國的重責大任，而面對現實，前瞻未來。

抗戰時期的大學生活，已是半世紀前的往事了。以之與當前的大學生活相比，一個抗戰期間的大學生，應有相當的感慨。一個現代的大學生，對於我們的那個時代，以及我們的大學生活，將會產生怎樣的一種情懷？

原載《自由青年》第六九三期，一九八七年五月

釀文學286　PC1128

# 司徒衛的人格與文風

主　　編　李瑞騰、歐宗智
作 者 群　王寬之、周昭翡、劉叔慧、謝瓊玉、鄭培凱、渡　也
　　　　　蕭國和、向　陽、趙衛民、毛瓊英、李宗慈、范銘如
責任編輯　邱意珺
圖文排版　陳彥妏
封面設計　張家碩

出版策劃　釀出版
製作發行　秀威資訊科技股份有限公司
　　　　　114 台北市內湖區瑞光路76巷65號1樓
　　　　　電話：+886-2-2796-3638　傳真：+886-2-2796-1377
　　　　　服務信箱：service@showwe.com.tw
　　　　　http://www.showwe.com.tw
郵政劃撥　19563868　戶名：秀威資訊科技股份有限公司
展售門市　國家書店【松江門市】
　　　　　104 台北市中山區松江路209號1樓
　　　　　電話：+886-2-2518-0207　傳真：+886-2-2518-0778
網路訂購　秀威網路書店：https://store.showwe.tw
　　　　　國家網路書店：https://www.govbooks.com.tw
法律顧問　毛國樑　律師
總 經 銷　聯合發行股份有限公司
　　　　　231新北市新店區寶橋路235巷6弄6號4F
　　　　　電話：+886-2-2917-8022　傳真：+886-2-2915-6275

出版日期　2024年3月　BOD一版
定　　價　290元



讀者回函卡

**Printed in Taiwan**

國家圖書館出版品預行編目

司徒衛的人格與文風/王寬之, 周昭翡, 劉叔慧, 謝瓊玉, 鄭培凱, 渡也, 蕭國和, 向陽, 趙衛民, 毛瓊英, 李宗慈, 范銘如作；李瑞騰, 歐宗智主編. -- 一版. -- 臺北市：釀出版, 2024.03
面；　公分. -- (釀文學；286)
BOD版
ISBN 978-986-445-917-9(平裝)

1.CST: 司徒衛　2.CST: 傳記

783.3886　　113000781